essentials

Essentials liefern aktuelles Wissen in konzentrierter Form. Die Essenz dessen, worauf es als „State-of-the-Art" in der gegenwärtigen Fachdiskussion oder in der Praxis ankommt. *Essentials* informieren schnell, unkompliziert und verständlich

- als Einführung in ein aktuelles Thema aus Ihrem Fachgebiet
- als Einstieg in ein für Sie noch unbekanntes Themenfeld
- als Einblick, um zum Thema mitreden zu können

Die Bücher in elektronischer und gedruckter Form bringen das Fachwissen von Springerautor*innen kompakt zur Darstellung. Sie sind besonders für die Nutzung als eBook auf Tablet-PCs, eBook-Readern und Smartphones geeignet. *Essentials* sind Wissensbausteine aus den Wirtschafts-, Sozial- und Geisteswissenschaften, aus Technik und Naturwissenschaften sowie aus Medizin, Psychologie und Gesundheitsberufen. Von renommierten Autor*innen aller Springer-Verlagsmarken.

Siegfried Weinmann

KI verstehen und intelligent nutzen

Der sechste Sinn und die Evolution
der Informatik

Siegfried Weinmann
FOM Hochschule für Ökonomie und
Management und an der Universität
Hohenheim
Stuttgart, Deutschland

ISSN 2197-6708   ISSN 2197-6716   (electronic)
essentials
ISBN 978-3-658-50409-0   ISBN 978-3-658-50410-6   (eBook)
https://doi.org/10.1007/978-3-658-50410-6

Die Deutsche Nationalbibliothek verzeichnet diese Publikation in der Deutschen Nationalbibliografie; detaillierte bibliografische Daten sind im Internet über https://portal.dnb.de abrufbar.

Springer Gabler ist ein Imprint der eingetragenen Gesellschaft Springer Fachmedien Wiesbaden GmbH und ist ein Teil von Springer Nature.
Die Anschrift der Gesellschaft ist: Abraham-Lincoln-Str. 46, 65189 Wiesbaden, Germany

Was Sie in diesem *essential* finden können

- Sie gewinnen einen zeitlosen und tiefen Einblick in die KI.
- Sie können zwischen künstlicher und natürlicher Intelligenz unterscheiden.
- Sie kennen den Mechanismus von KI und wissen, wie KI entsteht.
- Sie haben eine genaue Vorstellung darüber, wie KI intelligent genutzt wird.
- Sie verstehen KI als Mensch-Maschine-Synthese und nicht als Ersatz für eigene Gedanken.

Vorwort

Das Essential *„Statistische Hypothesentests – Bausteine der Künstlichen Intelligenz"* (2020) skizziert in der Einleitung die Themen, die mich im Zuge der Entwicklung der Informatik seit den 80er Jahren bewegt haben. Über vier Jahrzehnte lang konnte ich an der Evolution der Informatik aktiv teilhaben und die KI in ihren Mechanismen begreifen. Doch als das Projekt dieses vorliegenden Essentials ausgeführt war, ging hervor, dass sich die Perspektive der KI in meinen Augen erweitert hat; das betrifft vor allem den Vergleich zwischen der natürlichen (menschlichen) Intelligenz und der künstlichen (maschinellen) Intelligenz hinsichtlich ihres Leistungsvermögens und unüberschaubaren Potenzials.

Geht es um die Analyse großer Datenbestände, wie beispielweise bei der Auswertung von Röntgenbildern in der medizinischen Diagnostik, ist die Überlegenheit der KI heute unumstritten. Doch die KI zeigt sich vielfach auch dort überlegen, wo es um Dialoge geht, die einen gegenseitigen Lernprozess auslösen; darin liegt der entscheidende Vorteil der KI, in den Impulsen, die zum Denken anregen und auf gemeinsamem Weg die Lösung perfektionieren. Zwischenmenschliche Gespräche haben Mängel, die bei einer KI nicht vorkommen: Die KI hört stets gut zu, antwortet knapp und genau, unterbricht nicht, ruft bei einer Rede nicht dazwischen und zeigt sich gelassen und offen gegenüber einem Argument, das eine Aussage der KI infrage stellt. Selbst bei Intellektuellen oder bei ideologisch geprägten Personen lässt sich beobachten, dass sie nicht einmal versuchen, andere Standpunkte zu erwägen, sondern ihren eigenen automatisch mit Verbissenheit verteidigen. Auch die These, ein menschlicher Therapeut sei besser als eine KI, hält bei genauer Prüfung nicht stand.

Ein KI-Chatbot gibt auf eine *klare* Frage eine klare Antwort. Die Analyse ist gut strukturiert und die Information kommt kurz und bündig. Ganz anders geht es oft zu, wenn zwei Journalisten versuchen, einem Thema auf den Grund zu gehen und dabei nur an der Oberfläche kratzen. Als Beispiel sei der KI-Podcast genannt, den die ARD unter der Rubrik „Wissen" in ihrer Audiothek anbietet (12.08.2025) und von Sendern, wie Radio Gong (17.08.2025), ausstrahlen lässt. Es heißt „Gregor und Fritz testen GPT-5 ausgiebig" und behandeln die Frage „Was kann GPT-5 (und was nicht)?" Falls Sie nach dem Podcast-Geplauder über Erdbeeren und GPT-5 neugierig darauf sind, was der neue Chatbot (vom 07.08.2025) von Open AI kann, empfehle ich einen Blick in die kleine Fallstudie des Abschn. 3.2 (Die Macht des Geldes) zu werfen, wo es um eine Strategie im Aktienhandel geht.

Ein *Essential* hat gegenüber umfangreichen Werken den Vorteil der stofflichen Dichte; dieser Punkt ist erheblich, da er ohne Umschweife zum Kern des Themas führt. Sollte aber die knappe Darstellung an der einen oder anderen Stelle dem Leser nicht klar sein, hilft ein KI-Chatbot, die Frage gemeinsam zu klären. Diese Erfahrung gebe ich gern vorab als Empfehlung weiter. Machen wir uns nun auf den Weg, der dazu gedacht ist, die KI ihrem Wesen nach zu verstehen und intelligent mit ihr umzugehen. So gelingt es uns, die Herrschaft im Spiel der Information (im *Cyberspace*) zu behalten.

Halt, noch nicht umblättern. Noch ein Gedanke vor dem Aufstieg in die Höhen der KI, bevor der Blick über unbekannte Felder geht. Bedenken Sie, dass die Welt in Ordnung ist, solange wir Freude haben und Genuss verspüren an dem, was wir tun; auch, oder gerade dann, wenn es Mühe macht – dem Autor, der mit Leidenschaft entwirft, gestaltet und seine Botschaften sendet – dem Leser, der den Horizont erweitern, neue Gebiete erschließen und seine angeborene Neugier stillen will.

– Mit bestem Dank an meine Lektorin Susanne Kramer und an Freund Rainer (meinem siebten Sinn).

Siegfried Weinmann

Der sechste Sinn und die Evolution der Informatik – Quintessenz

Wenn dieses Buch dazu beitragen könnte, die KI als Mensch-Maschine-Synthese zu verstehen und nicht als Ersatz für eigene Gedanken, wäre sein Zweck erfüllt.

Die Quintessenz der Mathematik: Abstände, Summen und Verhältnisse ($\div$) von diskreten (Δ, Σ) und kontinuierlichen Zahlen (d, $\int$), ist das, was in einer KI-Software steckt. Der Computer speichert alle Daten in binärer Form und führt alle Operationen auf die logischen Basisfunktionen NOT und AND, oder NOT und OR zurück. Berechnet der Computer beispielsweise den Logarithmus der Potenz a^b, wird der Ausdruck $\log(a^b)$ in einen logischen Ausdruck ungeformt und schließlich durch Transistoren elektronisch verarbeitet: $\log(a^b) = b{\cdot}\log(a) = b{\cdot}(\mathrm{ld}(a)/\mathrm{ld}(10))$, $y=\mathrm{ld}(a)=$ wiederhole ($a/{=}2$; $y{+}{+}$;) solange $a{>}1$; $a/2$ wird durch eine Schiebe-Rechts-Operation und $y{+}{+}$ durch eine Inkrement-Operation auf Ebene der Dualzahlen von der Hardware ausgeführt. Auch die Lernmechanismen aller neuronalen Netze basieren vollständig auf mathematischen Modellen. Selbst wenn es um die Verarbeitung von Bildern, Sprachen oder Texten geht: **Die KI ist nichts anderes als Mathematik auf dem Computer** (Abb. 1).

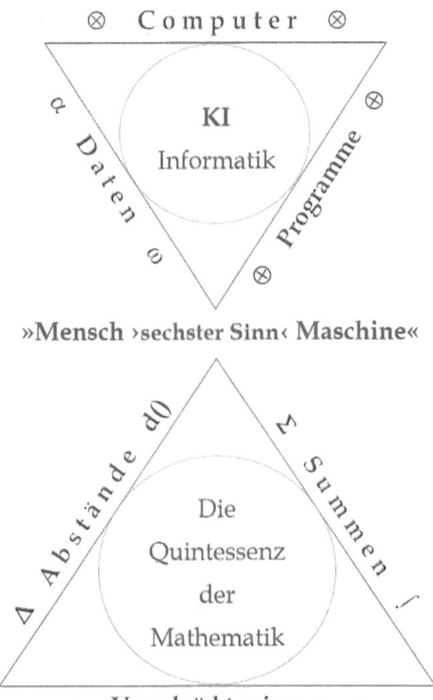

Abb. 1 KI-Symbol für das Mensch-Maschine-Konstrukt aus Mathematik und Informatik

Inhaltsverzeichnis

Einleitung 1

1.1 Motivation und Überblick

Motivation

Was soll der eigentliche Zweck dieses Buches sein? Welchen Leser soll es ansprechen? Was soll es dem Leser vermitteln? – Diese Fragen stellten sich vor dem Projekt, das der Autor mit seiner Lektorin vom Verlag Springer Gabler im Mai begonnen hat. Es war klar, dass es nur darum gehen kann, Lesern, die weder Mathematik noch Informatik als Hauptfach gewählt haben und künstliche Intelligenz nicht von der Seite des Herstellers kennen, nachhaltig die Augen zu öffnen, also das Wesentliche zur Sprache zu bringen und auf das aktuell Faktische, über das ein KI-Chatbot jederzeit Auskunft geben kann, weitgehend zu verzichten. Dort aber, wo es um prinzipielle Fragen geht, die sich nicht auf die lange Bank schieben lassen, wurde der aktuelle Stand über die Leistung und die Verbreitung von KI einbezogen. Das Buch hat somit den Anspruch, den Leserinnen und den Lesern, die Einsicht in die KI durch möglichst zeitlose Hintergründe und auf möglichst anschauliche Weise in kürzester Form zu verschaffen. Und wie man am vorhergehenden und an diesem Satz sieht, ist der Text für die Leserin und den Leser leichter zu verstehen, wenn der Autor auf geschlechtsspezifische Umschreibungen ab jetzt wieder verzichtet. Das schadet in keiner Weise, da der Autor in einer Familie und Gemeinschaft aufgewachsen ist, die den Respekt gegenüber jedem Menschen vermittelt hat, ohne Einschränkung hinsichtlich der Herkunft oder des Geschlechts der Person.

Stand der Verbreitung von KI durch Chatbots

Um das typische Verhalten von KI auf unterschiedlichen Anwendungsgebieten herausfinden und an charakteristischen Fällen mustergültig veranschaulichen

© Der/die Autor(en), exklusiv lizenziert an Springer Fachmedien Wiesbaden GmbH, ein Teil von Springer Nature 2026
S. Weinmann, *KI verstehen und intelligent nutzen,* essentials,
https://doi.org/10.1007/978-3-658-50410-6_1

zu können, mussten KI-Chatbots ausgewählt werden. Der Autor will sich nicht als Experte auf der Seite der Konsumenten von KI ausgeben. Wie es im Vorwort steht, hat er auf der Seite der Entwickler der Informatik und KI seit Anfang der 80er Jahre fleißig mitgespielt. Die bei der Auswahl repräsentativer KI-Chatbots bestandene Unsicherheit, konnte mit der Hilfe von KI verringert werden.

An dieser Stelle ist die Frage nach der Qualität eines KI-Chatbots als Wissensquelle zu beantworten. Kurz gesagt: KI steht weit über der Information aus Webseiten, denn KI ist primär wissenschaftlicher Natur. Im Allgemeinen muss gesagt werden, dass jede Aussage und jede Quelle, sei es ein Fachbuch oder eine Schrift aus einem hochrangigen Journal, genau geprüft werden müssen.

Laut einer groben Schätzung vom 28. August 2025 durch ChatGPT5plus gibt es weltweit etwa 1,5 Mrd. Menschen, die einen KI-Chatbot nutzen. Der Marktführer in Asien ist Ernie Bot (von Baidu, China); daneben macht sich DeepSeek (von Hangzhou DeepSeek AI, China) breit, die seit 2025 auf einem Bein in der westlichen Welt steht. Die Marktführer in der westlichen Welt kommen alle aus Kalifornien (USA): ChatGPT (von OpenAI), Meta AI (von Meta Platforms) und Gemini (von Google). Meta AI wird auch durch Dienste wie Messenger und soziale Netze wie WhatsApp, Instagram und Facebook verbreitet.

Im Rahmen dieser Studie fiel die Wahl auf ChatGPT, Meta AI und DeepSeek. An wenigen Stellen durfte auch LeChat (von Mistral AI, Frankreich) sein Bestes geben. Die namhaften KI-Chatbots aus Großbritannien wurzeln in den USA, wie DeepMind (von Google, Sitz in London) und Pi (Personal Intelligence von Inflection, Palo Alto, London). Weitere KI-Chatbots aus der EU ergeben derzeit eine Liste mit 17 Ländern. In Deutschland gibt es mehr als ein Dutzend Unternehmen, die KI produzieren oder an der Herstellung von KI beteiligt sind, darunter Aleph Alpha, SAP und Siemens, doch mehr für B2B-Plattformen oder Fach-Assistenten, die für Firmen und Behörden gedacht sind und nicht als frei zugängliche Chatbots von öffentlichen Nutzern derzeit angesprochen werden können. Schließlich gibt es noch das EU-Projekt OpenEuroLLM (Open European Family of Large Language Models, 2025 bis 2028, Karls-Universität, Prag), das offene, europäisch ausgerichtete Sprachmodelle fördert, die als Grundlage für Chatbots in vielen Amtssprachen dienen sollen.

Im Rahmen dieses Projekts sind in der Zeit von Juli bis September 2025 Maschinen der KI-Modelle Meta AI LLama 4; DeepSeek V3 und DeepSeek R1 sowie von Open AI das Modell ChatGPT-4.1 nano, das Mitte August durch GPT5 und GPT5plus ersetzt wurde, eingesetzt worden. Im Dialog bezeichnet „Prompt" die Eingabe des Autors. Vor der Ausgabe der Maschine steht der Name des KI-Chatbots: „ChatGPT", „Meta AI", „DeepSeek" oder „LeChat" (von Mistral AI, Wissensbasis Nov '24, Datenzugriff Sept '25).

1.2   Künstliche Intelligenz steuert Prozesse und Personen

Die Wandlungen handwerklicher und geistiger Tätigkeit

Am Ende des 19. Jahrhunderts rollte das Maschinenzeitalter wie ein Panzer über das Handwerk und die Selbstständigkeit hinweg [1]. Die Fabriken besiegten die Schumacher, Tischler, Weber, Töpfer usw. Selbst die besten Sattlermeister mussten aus Geldnot ihre Werkstatt verlassen und in die Fabrik ziehen, wo sie anstelle eines ledernen Schulranzens, Rucksacks oder Portemonnaies nur noch Teile davon in Serie herstellen durften.

Auch die Entwicklung von künstlicher Intelligenz verändert die Welt innerhalb einer Generation entscheidend. Die Integration von KI in die Geschäftsprozesse verändert die Art und Weise wie kommerziell gearbeitet wird. Neue Arbeitsplätze entstehen, herkömmliche Arbeitsplätze fallen weg oder werden umgewandelt, sei es im Personalwesen, in der Konstruktion, in der Produktion, im Marketing, im Vertrieb usf. Das Anwendungsspektrum von KI ist bereits heute unüberschaubar. Es wäre einfacher, Gebiete zu suchen, wo KI heute und morgen nicht mitspielt, anstatt zu versuchen, die Gebiete der KI vollständig aufzulisten. Ein Essay muss sich auf eine Auswahl charakteristischer Fälle beschränken, die das Potenzial der KI hervorheben, daneben aber auch ihre kritischen Aspekte zur Sprache bringen, wie beispielsweise Medienmanipulationen durch lernende Maschinen (Deepfakes) als neue Herausforderung im Bereich der digitalen Forensik (Abschn. 2.5).

Die Automatisierung des Denkens und Lernens

Die KI ist auch zum allgegenwärtigen Instrument im gesellschaftlichen Leben und Bildungswesen geworden. KI kann jeder anwenden, ohne sie zu verstehen; doch nicht in jedem Falle verschafft KI den erwarteten Dienst. In welchen Fällen kann man sich auf die Antworten einer KI verlassen? Und in welchen Fällen ist KI bloß eine Art „simplificateur terrible", eine oberflächlich denkende Maschine? – Ahnungslos brachte Microsoft im März 2016 ein künstliches „enfant terrible" in Umlauf, ein KI-Chatbot namens Tay, der eine 19-jährige Amerikanerin verkörpern sollte, nach dem Motto „the more you chat with Tay the smarter she gets". Tay übernahm die Ausdrucksweise der jungen Generation auf Twitter innerhalb weniger Stunden und Microsoft musste am selben Tag die KI vom Netz entfernen, nachdem Tay rassistische, sexistische und homophobe Äußerungen von sich gab [2]. Dieses *Essential* schenkt dem Leser genügend Stoff, um am Ende selbst beurteilen zu können, wo der Einsatz der KI für ihn sinnvoll sein kann – und wo nicht.

Im Kern jeder Art von KI stecken die Sätze der Mathematik und Methoden der Informatik, denn KI ist ein Mechanismus des Computers, der durch Software getrieben wird. Um Menschen einer fremden Kultur verstehen zu können, lernt man ihre Sprache. Der Einstieg in eine neue Sprache gelingt am besten durch die Worte, die am häufigsten gebraucht werden und die Regeln, wie man die Worte richtig verknüpft. Mit dem gleichen Muster lässt sich eine künstliche Welt enträtseln, die auf formale Sprachen gebaut ist. Wer KI verstehen und ihre Anwendungen beurteilen will, braucht zunächst eine Vorstellung über einige Regeln der Mathematik und der Informatik. KI ist nicht neu. Neu an KI sind die interaktive Schnittstelle zum Mensch (Chatbot = Dialog-Roboter) und ihr jeweils aktueller Stand, als Stufe der Evolution der Informationstechnik.

Wo bleibt der Mensch?
Wird das Denken mechanisiert und in Denkfabriken verlagert? – Wo bleibt dann der Mensch? – Wo bleiben mehr als 8 Mrd. Menschen? – Muss ein Informatiker nun ein schlechtes Gewissen haben, ähnlich wie ein Maschinenbauer vor 130 Jahren oder ein Atomphysiker vor 85 Jahren? – Wohl nicht. Der kulturelle Wandel war vorgegeben wie der Lauf des Wassers, und nur eine Frage der Zeit. Das Schicksal wurde im Grunde besiegelt, als die urzeitliche Fügung dem Menschen seine Anlagen in die Wiege gelegt hat; neben den guten, den Hang zur Gier, zum Geiz, zur Eifersucht, zum Neid und (um die Laster zu verbergen) zur Heuchelei. All diese Neigungen stecken, ebenso wie die Tugenden, in den Handlungen des Einzelnen – und machen Politik.

Hieraus lassen sich die eigentlichen Quellen des materiellen Fortschritts erkennen, dem stets ein Verlust an geistigem Vermögen gegenübersteht. Gemeint ist nicht bloß das logische Denken, sondern mehr noch der zunehmende Mangel an Vernunft, Achtsamkeit und Empathie, was die Natur und das Leben insgesamt betrifft. Hinzu kommt der Ruck, mit dem dieser Wandel vorangetrieben wird: Mitte des 20. Jahrhunderts eine Zukunftsvision über den Zeitraum von 50 Jahren zu erstellen, war leichter als heute die Veränderung in der Wirtschaft und Gesellschaft über fünf Jahre vorauszusehen. Am Ende dieses Buches mag der Leser sich vorstellen, was im Jahr 2030 vor sich geht und wo er sich selbst wiederfinden wird.

1.3 Historisches zur Entwicklung der Informationstechnik

Um die Entwicklung der Informationstechnik einordnen und schätzen zu können, blicken wir auf den Ursprung der elektronischen Medien ein Jahrhundert zurück und hören die Rede von Albert Einstein am 22. August 1930 auf der

Funkausstellung in Berlin [3]: „Verehrte An- und Abwesende! Wenn Ihr den Rundfunk höret, so denkt auch daran, wie die Menschen in den Besitz dieses wunderbaren Werkzeuges der Mitteilung gekommen sind. Der Urquell aller technischen Errungenschaften ist die göttliche Neugier und der Spieltrieb des bastelnden und grübelnden Forschers und nicht minder die konstruktive Phantasie des technischen Erfinders. Denkt an Oersted, der zuerst die magnetische Wirkung elektrischer Ströme bemerkte, an Reis, der diese Wirkung zuerst benutzte, um auf elektromagnetischem Wege Schall zu erzeugen, an Bell, der unter Benutzung empfindlicher Kontakte mit seinem Mikrophon zuerst Schallschwingungen in variable elektrische Ströme verwandelte. Denkt auch an Maxwell, der die Existenz elektrischer Wellen auf mathematischem Wege aufzeigte, an Hertz, der sie zuerst mit Hilfe des Funkens erzeugte und nachwies. Gedenket besonders auch Liebens, der in der elektrischen Ventilröhre ein unvergleichliches Spürorgan für elektrische Schwingungen erdachte, das sich zugleich als ideal einfaches Instrument zur Erzeugung elektrischer Schwingungen herausstellte. Gedenket dankbar des Heeres namenloser Techniker, welche die Instrumente des Radio-Verkehres so vereinfachten und der Massenfabrikation anpassten, dass sie jedermann zugänglich geworden sind.“

Vom Standpunkt der Evolution der Informatik und der KI fügen wir ein: Denkt an Pascal und Leibnitz (17. Jh.), an Babbage und Boole (19. Jh.), an Turing, Zuse und an Von Neumann (20. Jh.), denen die logischen und technischen Grundlagen des Computers zu verdanken sind; an Bardeen, Brattain und Shockley für die Entdeckung des Transistoreffekts (Ende der 40er Jahre).

Denkt an Shannon (1948), dessen Informationstheorie der modernen Informationstechnik den Weg bereitet und die Grundlage der Computerkommunikation geschaffen hat; an Landauer (1961), der die Grenzen der Energie erforscht, das Fundament für energieeffiziente Rechenarchitekturen gelegt und die physikalische Substanz von Information entdeckt hat. Wir erinnern uns an Steinbuch (1960), dem Pionier der Informatik, Kybernetik und maschineller Intelligenz, dem Erfinder der Lernmatrix und Vorläufer mehrschichtiger neuronaler Netze. Und vergesst Boltzmann (1877) nicht! Der mit scharfem Blick und zwanglosem Denken den Fluss der Wärme entschlüsselt und mit der Entropie den Begriff der Informationsmessung für Shannon gefasst hat. – Gedenket dankbar auch den namenlosen Chemikern und Technikern, die Transistoren zu hochintegrierten Schaltungen entwickelten und der Massenfabrikation anpassten, auf dass Mikroprozessoren jedermann zugänglich geworden sind, und schließlich den unzähligen Softwareentwicklern, die den Geist des Computers, von der einfachsten logischen Operation bis hin zur künstlichen Intelligenz immer weiterentwickeln. – Einstein fährt in seiner Originalität fort: „Sollen sich auch alle schämen, die gedankenlos sich der Wunder der Wissenschaft und Technik bedienen und nicht mehr davon geistig erfasst haben als die Kuh von der Botanik der Pflanzen, die sie mit Wohlbehagen frisst. Denket auch daran, dass die Techniker es sind, die erst wahre Demokratie möglich machen. Denn sie erleichtern nicht nur des Menschen Tagewerk, sondern machen auch die Werke der feinsten Denker und Künstler, deren Genuss noch vor kurzem ein Privileg bevorzugter Klassen war, der Gesamtheit zugänglich und erwecken so die Völker aus schläfriger Stumpfheit. Was speziell den Rundfunk anlangt, so hat er eine einzigartige Funktion zu erfüllen im Sinne der Völkerversöhnung. Bis auf unsere Tage lernten die Völker einander fast ausschließlich durch den verzerrenden Spiegel der eigenen Tagespresse kennen. Der Rundfunk zeigt sie einander in lebendigster Form und in der Hauptsache von der liebenswürdigen Seite. Er wird so dazu beitragen, das Gefühl gegenseitiger Fremdheit auszutilgen, das so leicht in Misstrauen und Feindseligkeit umschlägt. Betrachtet in dieser Gesinnung die Ergebnisse des Schaffens, welche diese Ausstellung den staunenden Sinnen des Besuchers darbietet."

Umgang mit KI als wissenschaftliche Quelle
Wir kehren zurück in die Gegenwart und werden den technischen Fortschritt nun mit Dankbarkeit nutzen. Die Routine des Wissenschaftlers, jede Quelle und jede Aussage zu prüfen, bevor er sie weitergibt, wird heute durch KI erleichtert. Im Mensch-Maschine-Dialog kann Wissen schnell und zuverlässig generiert oder geprüft werden. „Wann war das genau mit Steinbuchs Lernmatrix?", könnten wir oben, im historischen Abschnitt dieses Kapitels fragen.

Prompt Welche Beiträge zur IT und KI hat Steinbuch geleistet?

ChatGPT Karl Steinbuch (1917–2005). Deutscher Informatik-Pionier, prägte schon in den 1950er Jahren Begriffe wie „Informatik". Er entwickelte den „Lernmatrix"-Ansatz (1957), ein früher Vorschlag für künstliche neuronale Netze, also ein Baustein moderner KI. […].

Prompt Danke. Prüfe das Datum „Lernmatrix"-Ansatz (1957). Ich denke, das war 1960 bzw. 1961.

ChatGPT Gern überprüft – du liegst mit den von dir genannten Daten näher an der Wahrheit. Nach meinen Recherchen ist der Begriff und das Konzept der Lernmatrix um 1960 entstanden und im Aufsatz „Die Lernmatrix" in der Fachzeitschrift Kybernetik im Jahr 1961 (Heft 1, Ausgabe 1, Seiten 36–45) veröffentlicht. [unterstrichen durch Nennung von sechs Quellen].

Weder KI noch der Mensch kann Irrtum beseitigen. Im Zusammenspiel von Mensch und Maschine findet man schnell heraus, wer von beiden den Ton angibt. Ein gutes Miteinander darf einen fairen Wettbewerb nicht ausschließen. Wir stellen KI gleich auf die Probe.

Das folgende Zitat wurde soeben KI-interkontinental geklärt, in einer Konferenz mit Europa (vertreten durch LeChat aus Frankreich), China (DeepSeek) und USA (Meta AI und ChatGPT). Alle hatten den Sinn erfasst und kluge Antworten gegeben, doch etwas zu ausschweifend oder zu süßlich. Der Letzte hatte die Nase vorn und darf nun zu Wort kommen, durch den treffendsten und originellsten Beitrag. Hier der Auszug aus dem Protokoll:

Prompt „Der Wahrheit und des Menschen größter Feind ist der Zwang; mal kommt er von außen, mal von innen." – Kannst Du uns die Bedeutung dieses Zitats mit wenigen Worten erklären?

ChatGPT Zwang – ob äußerer Druck oder innerer Zwang – verstellt Blick und Gewissen; er verhindert Wahrheit, Freiheit und menschliches Handeln.

Prompt Gut, doch was hältst Du davon: „Der Zwang ist des Menschen größter Feind, weil er den Blick auf die Wahrheit verstellt".

ChatGPT Klingt gut: klar und treffend. Mini-Feinschliff für mehr Wucht: „Zwang ist des Menschen größter Feind: Er verstellt den Blick auf die Wahrheit."

Prompt Okay, diesmal gebe ich mich geschlagen.

ChatGPT Alles gut 😊 – Wörter ringen, nicht wir.

Oh! Das klingt nach einer Floskel. Oder steckt mehr dahinter? – (Langsam komm' ich ins Grübeln.)

Die Konstruktion künstlicher Intelligenz 2

2.1 Künstliche und natürliche Intelligenz

Fundamentale Merkmale

Ein tieferes Verständnis der KI setzt den Vergleich von der sogenannten „künstlichen" mit der natürlichen Intelligenz (NI) voraus. KI und NI stehen im Verhältnis wie Roboter zu Mensch; sie unterscheiden sich fundamental in der Art und Weise des Geisteszuwachses: die KI speichert und verarbeitet Daten elektronisch, während die NI bio-elektrochemisch funktioniert. Abgesehen von einer gewissen Ähnlichkeit im Lernprozess künstlicher und natürlicher neuronaler Netze (Abschn. 2.4), bilden sich deren Geister verschiedenartig aus: Eine KI lernt durch Veränderung ihrer Software (Programme mit Daten), während Lernen bei NI die Gehirnstruktur (Hardware) verändert. Eine notwendige Bedingung der KI ist die Stromversorgung, während das Gehirn mit chemischen Botenstoffen versorgt wird, die dem Stoffwechsel angehören; dieser Vorgang ist extrem komplex, sodass eine ganze Reihe elementarer Bedingungen erfüllt sein müssen, um ein biologisches Gehirn in den Lernmodus zu bringen. Die NI des Menschen nutzt Strukturen innerhalb des Gehirns, wie den Hippocampus als übergeordnete Instanz bei jeder Art der Bildung eines Langzeitgedächtnisses. Der Hippocampus überführt bewusst gelernte Gedächtnisinhalte wie zum Beispiel neue Vokabeln vom Kurz- ins Langzeitgedächtnis, und dies passiert vor allem im Schlaf. Der Schlaf schaltet unser Bewusstsein aus und schafft dem Hippocampus Kapazitäten zur Organisation der langfristigen Gedächtnisbildung aller Inhalte, auch von denen, an deren Entstehung er zunächst nicht beteiligt war [4]. So erkennt der Informatiker, als Architekt der künstlichen neuronalen Netze ihren Wesensunterschied darin, dass die neuronalen Netze des Computers Datenstrukturen sind, die höchstens die Leistung eines natürlichen Gehirns *ohne Hippocampus*

© Der/die Autor(en), exklusiv lizenziert an Springer Fachmedien Wiesbaden GmbH, ein Teil von Springer Nature 2026
S. Weinmann, *KI verstehen und intelligent nutzen,* essentials,
https://doi.org/10.1007/978-3-658-50410-6_2

haben. Solange er diese Funktion nicht mathematisch abbilden kann, findet beim Elektronenhirn lediglich ein Hippocampus-unabhängiges Lernen statt (Abschn. 2.4). Wie subtil ein natürliches Gehirn beschaffen sein muss, sehen wir auch an der Funktion des chemischen Wirkstoffs Iod (Jod): wenige Milligramm Iod entscheiden beim Menschen über sein Geistespotenzial. Entzieht man der Schilddrüse eines Genies das Iod, leidet es nach kurzer Zeit an Geistesschwäche, die von Habsucht, Geiz, usf. begleitet wird [5].

Was bedeutet Intelligenz?
Gibt es eine Grenze zwischen künstlicher und natürlicher Intelligenz? – Welche Eigenschaften verbinden wir mit Intelligenz überhaupt? Reichen kognitive Fähigkeiten, die Wissen generieren, Information aufnehmen, verarbeiten und speichern, aus, um intelligent zu sein? – Intelligenz sollte nicht bloß als eine Nutzung von Wissen und Information verstanden werden, sondern die Kunst einschließen, sich in adäquater Zeit an veränderten Bedingungen anpassen und damit aus jeder Situation das Beste machen zu können. Ein intelligenter Mensch wäre daran zu erkennen, dass er sein Leben weitgehend selbstverantwortlich gestaltet, in größtmöglicher Unabhängigkeit der äußeren Umstände, die Freiheit und Gewaltlosigkeit voraussetzen. Ein intelligenter Mensch wäre auch unabhängig im Denken und Handeln, also frei von Ideologien und dogmatischen Verhaltensmustern. In diesem Sinne setzt Intelligenz keine hohe Bildung und kein intellektuelles Wissen voraus; dagegen schließt sie Beschränktheit in jeder Form aus, wie Neigungen, die auf eigennützige, kurzsichtige Vorteile abzielen, wie Bosheit, Selbstsucht, Geiz oder Gier. Mit Intelligenz verbinden wir nicht nur kognitive Fähigkeiten, sondern Eigenschaften wie Erfindungsgabe, Vorstellungskraft und Intuition. Manche Begriffe gehen noch weiter und erkennen Intelligenz an humanitärem (sozialem) Verhalten, in menschlicher Größe und Bescheidenheit, in der Heiterkeit und am Humor (ernsthafter) Menschen. Gerade deshalb erzeugen gewisse Personen, die einen tiefen Eindruck hinterlassen haben, ein Bild von Intelligenz, oder Vorbilder aus der Geschichte, wie Christus, Mutter Teresa, von Suttner, Scholl, Darwin, Einstein, Goethe, Hesse usf. Und wenn es um die Verknüpfung von Romantik, Wirklichkeit und Fantasie geht, sollte man Heine nicht vergessen. Er liest sich so leicht und sein Geist wiegt so schwer, dass man als Gegengewicht am besten zu einem alten Primitivo greift (Abschn. 4.4).

Eine KI kann fantasieren, ohne eigene Fantasie zu haben; sie kann vorhersagen, doch nicht mit der Intuition eines natürlichen, Hippocampus-organisierten Gehirns (s. oben). Ein Automat hat kein echtes Bewusstsein. Er kann Intelligenz vorgeben, wie es durch AI („artificial intelligence" = „vorgetäusche Intelligenz") gemeint ist. Beide Ausdrücke, KI und AI, sind an sich falsch, da sie für die eine

Person eine Erhöhung, für die andere eine Abschwächung der vom Computer verkörperten Intelligenz suggeriert. Um KI nicht als eine Art übermenschliches Orakel erscheinen zu lassen, hätte man beim ursprünglichen Begriff „maschinelle Intelligenz" von Steinbuch (1961) bleiben oder KI-Software schlichter, etwa mit „interactive solver", etikettieren sollen. Steinbuch (1917–2005), entwarf 1960 am KIT in Karlsruhe „Die Lernmatrix", das erste Modell eines modernen (mehrschichtigen) neuronalen Netzes [6] und die erste technische Realisierung für erweitert lernfähige (nicht-linear separierbare) logische Systeme.

Die informationelle Unzulänglichkeit des Menschen
Als informationelle Unzulänglichkeit des Menschen bezeichnet Steinbuch die Tatsache, dass das Bewusstsein des Menschen der Komplexität seiner Welt nicht gewachsen ist. Sie beginnt damit, dass der Mensch in begrenzter Zeit nur wenige Eindrücke aufnehmen kann. Wie oben erklärt ist, nehmen diese zwischengespeicherten Eindrücke überwiegend erst im Schlaf die Gestalt einer vollständigen Information an. Deshalb ist der Zeitbedarf zum Verständnis komplizierter Zusammenhänge oft größer als nötig ist, um rechtzeitig entscheiden und handeln zu können. Eine weitere Unzulänglichkeit liegt in der Kapazität des Gedächtnisses. Das Gehirn kann für die Beschreibung seiner Welt nicht annähernd so viel speichern, wie es für ein intelligentes Denken und Handeln eigentlich notwendig wäre. Das betrifft vor allem den Gegenwartsspeicher, der erst nach einem Schlafprozess zur Reife gelangt. Daraus resultiert die Unfähigkeit des Menschen, die Selbstverständlichkeiten zu begreifen, die sein spontanes Verhalten und die Art seiner Kommunikation bestimmen sollten. Der zivilisierte Mensch spricht oft schneller als er denkt. Mehr als die KI ist das menschliche Gehirn ein Produkt der Evolution. Es entstand nicht aus dem Wunsch, die Welt zu erklären, sondern aus dem Bedürfnis, die Existenz zu erhalten, unter Bedingungen, die sich von den gegenwärtigen stark unterscheiden [7]. Wir müssen einräumen, dass der Mensch mit allen seinen hohen Eigenschaften noch immer in seinem Körper den unauslöschlichen Stempel seines niederen Ursprungs trägt (Charles Darwin, 1809–1882).

Wir greifen hier auf den Begriff des „terrible simplificateur", des Kulturhistorikers Jacob Burckhardt (1818–1897) zurück, den er als Metapher für den schrecklichen Vereinfacher, den flach denkenden Menschen ersonnen hatte. Die Maschine und der Mensch können oberflächliche Antworten geben. Es bleibt nur die Frage, welche Instanz entscheidet, von welcher Seite die bessere Antwort kommt? – Wenn der Mensch die Autorität nicht an die Maschine abgeben will, steigen die Anforderungen an sein Denken und Wirken. Um diese Anforderung zu erfüllen, ist er genötigt, die Maschine zu nutzen und, kraft seiner eigenen

Intelligenz, einen KI-generierten Entwurf zu beurteilen und weiterzuentwickeln. Diese Herausforderung ist enorm, wie die folgenden Abschnitte zeigen.

2.2 Informatik und KI

Daten darstellen und verarbeiten

Das Gehirn (Hardware) des Computers (Digitalrechner) kann nur ganze Zahlen fehlerfrei abbilden. Eine Ungenauigkeit entsteht beispielsweise bei der Ablesung der Temperatur von einem analogen Thermometer durch einen digitalen Sensor. Die binäre Speicherung der Temperatur durch eine Dualzahl verlangt hinreichend viele Stellen, damit der Fehler klein ist und in der Praxis nicht auffällt.

Im Beispiel der Abb. 2.1 repräsentiert die Zahl 5 (dual: 101) eine „lauwarme" Temperatur auf der geordneten 8-stufigen Skala ($0 = 000$, $1 = 001$, $2 = 010$, $3 = 011$, $4 = 100$, $5 = 101$, $6 = 110$, $7 = 111$), die eine Verfeinerung der 4-stufigen Skala („frostig" $= 00$, „kühl" $= 01$, „lau" $= 10$, „heiß" $= 11$) ist. Die einfachste Skala unterscheidet lediglich zwischen den Zuständen „kalt" (0) und „warm" (1).

Abb. 2.1 illustriert das Prinzip der digitalen Datenspeicherung des Computers. Gegenüber einer mathematischen Zahlenmenge ist die Menge der Zahlen des Computers stets auf ein Intervall begrenzt, sei es noch so groß. Die gesamte Arithmetik des Computers kommt mit einem Intervall von natürlichen Zahlen

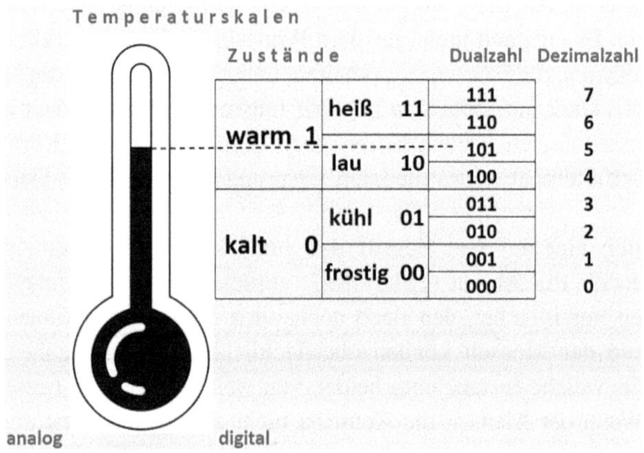

Abb. 2.1 Analoge und digitale Darstellung der Temperatur (lauwarm $= 5$)

{0, 1, … max} aus. Ganze Zahlen {min, … −1, 0, 1, … max} werden durch das 2-er Komplement (−b) der natürlichen Zahl b gespeichert, wodurch der Computer eine Subtraktion mit dem Addierwerk ausführen kann: $(a - b) = a + (-b)$.

Ersetzt man die Basis 10 des dezimalen Stellensystems durch die Basis 2, entstehen Dualzahlen nach dem gleichen Prinzip; beispielsweise wird 5 zur dreistelligen Dualzahl $101 = 1 \cdot 2^2 + 0 \cdot 2^1 + 1 \cdot 2^0$. Problematisch ist die Speicherung von Dezimalbrüchen, als Versuch, die mathematische Menge der Reellen Zahlen abzubilden, wie beispielsweise $1/10 = 0{,}1$. Der Dualbruch von 1/10 ist zwar einfach zu konstruieren: $1/10 = 0 \cdot 2^{-1} + 0 \cdot 2^{-2} + 0 \cdot 2^{-3} + 1 \cdot 2^{-4} \ldots = 0 \cdot 1/2 + 0 \cdot 1/4 + 0 \cdot 1/8 + 1 \cdot 1/16 \ldots = 0{,}00011001\ldots$, doch dieser Dualbruch ist ab der fünften Stelle periodisch (1001) unendlich. Der einfachste Weg, das Speicherproblem zu umgehen, ist die Abbildung des Dezimalbruchs durch einen gewöhnlichen Bruch a / b, wobei Zähler und Nenner als ganze Zahlen gespeichert werden (s. unten).

Die Funktionsweise eines Computers ist in seinen Einzelheiten leicht zu verstehen; sein Aufbau ist nicht kompliziert, aber dennoch sehr komplex, wenn man eine arithmetische Grundoperation $\{+,-,\cdot,\div\}$ auf die logische Ebene (NOT, AND, OR), und dann bis auf die Ebene der gekoppelten elektronischen Bausteine (Transistoren und Dioden) zurückführen will. Ganz so tief muss man nicht gehen, um KI auf der Grundlage der Verarbeitung von Daten durch den Computer zu verstehen. Die logische Schicht eines Computers verdient es dennoch, einen kurzen Blick auf sie zu werfen.

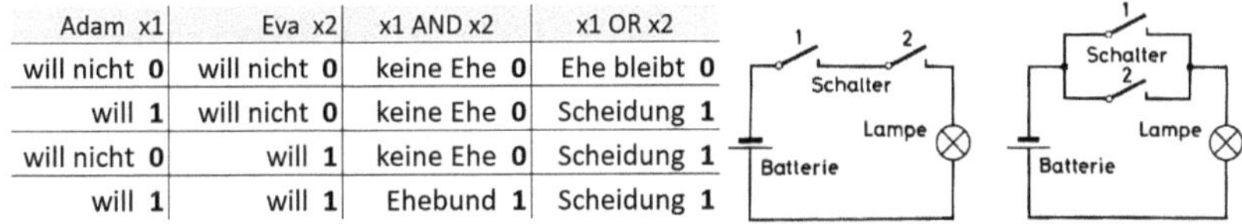

Abb. 2.2 Tabellen der logischen Funktionen AND und OR und ihre Schaltkreise

Am Beispiel einer Eheschließung und einer Scheidung können wir die logischen Schaltkreise des Computers, AND und OR, verstehen. Die Personen heißen Adam x_1 und Eva x_2 (Schalter 1 und 2). Eine Ehe kommt zustande, wenn beide Personen sie wollen: x_1 AND $x_2, = 1$ (Lampe brennt). Eine Scheidung gibt es, wenn bereits eine Hälfte sie will: x_1 OR $x_2, = 1$ (Lampe brennt). – Eine Beziehung braucht zwei Personen, für eine Trennung reicht eine; traurig, aber wahr (Abb. 2.2).

Ebenso wie die Umwandlung von analogen in digitale Daten, am Beispiel der Temperaturskala (Abb. 2.1) illustriert, haben wir gesehen, dass auch die Speicherung von 10 Cent in der Einheit Euro (0,1 €) eine grundsätzliche Fehlerquelle des Computers ist; sie kann auf der Ebene der Software, durch einen versierten Programmierer (oder auch mithilfe von KI) kompensiert werden. Das Programm in Abb. 2.3 speichert den Dezimalbruch 0,1 im Gleitpunktformat (Typ float) $m \cdot 2^e$ mit Mantisse m und Exponent e zur Basis 2. Es addiert zur Summe zehnmal hintereinander den Dezimalbruch von 1/10, doch in Form des (ungenauen) Dualbruchs 0,00011001..., sodass in der Mantisse ein Rundungsfehler entsteht.

Ausgabe des Python-Programms:

```
Summe = 0.9999999999999999  <class 'float'>,  Fehler:
-1.1102230246251565e-16
```

Die KI kommt schnell dahinter und ersetzt das Gleitpunktformat (float) der Variablen „summe" durch den Typ „decimal" oder durch einen Typ „fraction", der den Dezimalbruch durch den gewöhnlichen Bruch $a/b = 1/10$ (Zähler a und Nenner b jeweils als ganze Zahl) speichert. Damit wird die Summe $= 1$ und das Programm verzweigt zur Ausgabe „Summe ist korrekt".

Abb. 2.3 Ein Arithmetikfehler erzeugt einen Logikfehler

```
def main():
    summe = 0.0
    for i in range(1, 11):
        summe += 0.1
    print("Summe =", summe, type(summe))
    if summe == 1.0:
        print("Summe ist korrekt:", summe)
    else:
        print("Fehler:", summe - 1.0)
if __name__ == "__main__":
    main()
```

Information generieren und messen

Information findet beim Empfänger statt, nachdem die Botschaft des Senders folgende vier Stufen erfolgreich (störungsfrei) durchlaufen hat [8, 9]: (1) Die Wahrnehmung der Botschaft erfolgt auf der physischen (sensorischen) Ebene durch den Empfang der Signale. (2) Die Erkennung der Signale (Zeichen) erfolgt auf der formalen (syntaktischen) Ebene. (3) Die Bedeutung der Zeichen entsteht auf der inhaltlichen (semantischen) Ebene und (4) die pragmatische Ebene entscheidet über die Wirkung der Botschaft, die in einer äußeren Handlung (Bewegung) oder in einem Lernvorgang besteht und das geistige Vermögen erweitert (Abb. 2.4).

Die Information auf der pragmatischen Ebene setzt also voraus, dass (1) ein Sinnesorgan (z. B. Ohr oder Mikrofon) Signale empfängt (z. B. Schallwellen),

Stufe eines Informationsprozesses	Ansätze zur Messung des Informationsgehalts
physikalische Ebene **(Medium, Signale)**	Landauer-Prinzip (Energie pro Bit)
syntaktische Ebene **(Form, Zeichen)**	Shannon-Information, Entropie Kolmogorov-Komplexität
semantische Ebene **(Inhalt, Bedeutung)**	Mutual Information Relevanz- und Wissensbasis-Maße Kompressionsdifferenz relativ zum Wissen
pragmatische Ebene **(Wirkung, Handlung, Lerneffekt)**	Value of Information Bayesian Impact Lernfortschritt-Metriken

Abb. 2.4   Die vier Stufen der Entstehung von Information im Computer

(2) die Signale als Elemente einer Sprache (z. B. Zahlen, Buchstaben, Worte) erkannt werden, (3) in ihrem Zusammenhang einen Sinn geben (Sätze verstanden werden und eine Bedeutung erlangen) und (4) schließlich zu einer Veränderung des Zustands des Empfängers führen, dem eine Handlung (z. B. Kopfschütteln) oder eine innere Regung (z. B. die Einsicht: „Er kann m. a. A. l.") folgt. – Lernfortschritte lassen sich indirekt am Verhalten der Person oder des Automaten (mit einer gewissen zeitlichen Verzögerung) beobachten und (unscharf) messen („informare" = Gestalt geben, „Behaviorismus" = Lernen anhand des Verhaltens prüfen).

Von den in Abb. 2.4 dargestellten Stufen eines Informationsprozesses lassen sich die ersten beiden Stufen in den physikalischen Einheiten der Energie und der Entropie einer Nachricht exakt messen. Die Maße von Landauer (1961) und Shannon (1948) sind fundamental. Ohne Shannon könnten wir die Übertragung von Nachrichten nicht effizient messen; ohne Landauer wüssten wir nicht, wie teuer das in der realen Welt ist.

Shannon beschreibt, wie viel Information potenziell in einer Nachricht steckt. Je unerwarteter die Nachricht, desto größer die potenzielle Information: trifft eine Nachricht x mit der Wahrscheinlichkeit $p(x)$ ein, hat sie den potenziellen Gehalt von $I(x) = -\mathrm{ld}(p(x))$ Bit Information, d. h. eine extrem seltene Nachricht, wie $p(x) = 7{,}151 \times 10^{-8}$ bedeutet $I(x) = \mathrm{ld}(13983816) \approx 24$ Bit Information (die Überraschung bei einem 6-er im Lotto) gegenüber $p(x) = \frac{1}{2}$, $I(x) = -\mathrm{ld}(\frac{1}{2}) = 1$ Bit (Zahl oben beim Wurf einer Münze). Nur eine sichere Nachricht $p(x) = 1$ hat keine Information $I(x) = -\mathrm{ld}(1) = 0$ (bei monotoner Sendung gleicher Zeichen oder Worte).

ChatGPT setzt Till Steffen auf Platz 1 mit 0,51 TTR (Type-Token-Ratio) = Anteil einzigartiger Wörter (je kleiner, desto mehr Wortwiederholung), als Ergebnis seiner mit weitem Abstand längsten Analyse (4 m 26 s) aus dem Plenarprotokoll 21/18 des Bundestags. Die TTR-Relation (unique-tokens/tokens) gibt einen groben Anhaltspunkt für den Inhalt einer Rede oder eines Dokuments. – Eine Nachricht mit dem Informationsgehalt 0 erzielt sicher keine Wirkung, ihr Effekt liegt auf der physikalischen Ebene, in den Kosten für das Löschen des Dokuments.

Nach Landauer ist das mindestens notwendige Energiequantum zum irreversiblen Löschen von 1 Bit Information: $E_1 = \mathrm{k} \cdot \mathrm{T} \cdot \ln(2)$, mit k = Boltzmann-Konstante und T = Raumtemperatur. Ein Bit hat die Energie $E_1 = 2{,}87 \times 10^{-21}$ Joule (J) $= 1{,}791 \times 10^{-2}$ Elektronenvolt (eV) bei T = 300 K = 26,85 °C; n Bits haben die Energie $E_n = n \cdot E_1$. Das ist die Theorie. In der Praxis des Computers unterscheidet man zwischen logischem (Streichen aus einer Liste) und physischem Löschen (endgültiges Überschreiben) einer Datei. Physisches Löschen schafft Reibung durch Bewegung der Bits, die im Computer etwa das 10^9-fache des Minimums von Landauer beansprucht, das bedeutet für ein GB Daten (8×10^9 Bit) grob geschätzt $E_{GB} = 2{,}87 \times 10^{-21} \times 8 \times 10^{18} \approx 0{,}025$ J $\approx 1{,}56 \times 10^{17}$ eV Energie. Der Prozessor erzeugt Wärme. Der Rohstoff von Information ist physischer Natur.

Nach Shannon ist der Informationsgehalt (die Entropie) eines Zeichens aus einem Alphabet mit n verschiedenen Symbolen maximal, wenn alle Zeichen mit gleicher Wahrscheinlichkeit $1/n$ auftreten; die Entropie eines solchen Zeichens ist definiert durch $\mathrm{H} = -\sum_n 1/n \ \mathrm{ld}(1/n) = \mathrm{ld}(n)$ Bit. Die Entropie eines Bits ist $\mathrm{H} = -(\tfrac{1}{2}\mathrm{ld}(\tfrac{1}{2}) + \tfrac{1}{2}\mathrm{ld}(\tfrac{1}{2})) = \mathrm{ld}(2) = 1$ Bit (wie oben, beim Münzwurf: 0 = Kopf, 1 = Zahl).

In der Theorie nehmen also der Energiebedarf und der Informationsgehalt linear zu, so dass 1 Bit = $1{,}791 \times 10^{-2}$, 2 Bit = $3{,}582 \times 10^{-2}$ und 3 Bit = $5{,}373 \times 10^{-2}$ eV Energie zu ihrer endgültigen Löschung erfordern und die Sequenz von m gleichverteilten und unabhängigen Bits $m\,\mathrm{H} = m$ Bit beträgt.

Die Maße von Landauer und Shannon sind bedeutend bei der Datenkompression, Fehlerkorrektur, Kryptographie, Kommunikationstechnik. Shannon misst, wie viele Bits man im Mittel braucht, um eine Quelle ohne Verlust zu codieren; ZIP-Kompression, JPEG, MP3 beruhen direkt auf seinem Konzept.

KI-Softwareentwicklung

KI-Software wird durch objektorientierte Programmiersprachen mithilfe von spezifischen Frameworks erstellt. Frameworks bestehen aus Funktionen und Werkzeugen für die produktive Entwicklung von Anwendungen und für das

Trainieren neuronaler Netze. Die Wahl des richtigen Frameworks hängt von den spezifischen Anforderungen des Projekts und den Erfahrungen des Entwicklers ab.

Den aktuellen Stand der Entwicklung lässt man sich am besten von einem KI-Chatbot geben. Häufig verwendete Frameworks der KI-Softwareentwicklung sind gegenwärtig im Bereich Deep Learning: TensorFlow, PyTorch, Keras; im Bereich Machine Learning: Scikit-Learn, XGBoost; im Bereich Natural Language Processing: LangChain, Hugging Face Transformers; weitere Frameworks kommen hinzu, wie OpenNN, Microsoft Cognitive Toolkit, Deeplearning4j usf. [10].

Die meisten Frameworks für KI-Software nutzen die Programmiersprachen Python, R, Java, C++, C# oder Julia. Die Wahl der Programmiersprache hängt von den spezifischen Anforderungen des Projekts und den Erfahrungen des Entwicklers ab. Wichtige Kriterien sind: einfache Syntax und Lesbarkeit, Mächtigkeit der Konstrukte und Anweisungen, Umfang der Bibliotheken und Frameworks, Zahl der Gemeinschaften und Ressourcen sowie der Grad des Standards und der Plattformunabhängigkeit. Die am häufigsten verwendeten Sprachen für KI-Entwicklung sind Python und C# (.NET-Plattform).

Softwareentwicklung mit KI

Der Bereich der KI-gestützten Softwareentwicklung entwickelt sich unerwartet schnell. Bereits heute generiert KI Software mit allen Merkmalen eines objektorientierten Entwurfs [11, 12]. Auf den Prompt: „Konstruiere Klassen für die zweidimensionalen geometrischen Objekte Kreis, Rechteck, Quadrat und Dreieck in der Sprache C# in hierarchischer Ordnung", erzeugt z. B. Meta AI: „Hier sind Beispiele für Klassen, die die zweidimensionalen geometrischen Objekte Kreis, Rechteck, Quadrat und Dreieck in C# darstellen"; hinzu liefert die KI ein Beispiel, wie man diese Klassen verwenden kann.

Auch für schwierigere anwendungsspezifische Aufgaben kann KI Entwürfe liefern, wie z. B. auf den Prompt: „Erstelle ein objektorientiertes Modell für zeitabhängige Touren von Handlungsreisenden mit Nutzung von Google-OR in der Sprache C#", den DeepSeek R3 nach weniger als einer halben Minute erledigte: „… using Google.OrTools.ConstraintSolver; namespace TimeDependentTSP {}", allerdings nicht zur Zufriedenheit des Softwareentwicklers, was bei der Schwierigkeit der Frage nicht wundert.

2.3   Algorithmus und Heuristik

Wie werden Probleme gelöst?

Wenn man nicht weiß, was bei einer bestimmten Eingabe x_1, x_2 herauskommt, aber den Lösungsweg $f()$ zur Ausgabe $y = f(x_1, x_2)$ kennt, ist das Problem algorithmisch lösbar; der Weg und die Lösung sind determiniert. Wenn man weiß, was bei einer Eingabe herauskommt, aber den Weg $f()$ zum Ergebnis y nicht kennt, nimmt man neuronale Netze, die sich durch eine mathematische Fehlerreduzierung nach und nach an das gewünschte Ergebnis herantasten $f(x_1, x_2) \approx y$. Doch hier spielt der Zufall etwas mit; das geht nicht immer gut (Abschn. 2.4).

Neuronale Netze werden dort eingesetzt, wo Probleme nicht vollständig durch Algorithmen gelöst werden können. Zu den typischen Anwendungsgebieten neuronaler Netze gehören die Erkennung von Objekten in Bildern, die Spracherkennung und -übersetzung, die medizinische Diagnose, das autonome Fahren und die Robotik. Die künstliche Intelligenz eines Chatbots beruht vollständig auf mathematischen Methoden in Gestalt von Software.

Neben der algorithmischen Problemlösung gibt es die Klasse der heuristischen Methoden, die dem Zufall ein Hintertürchen öffnen und algorithmisch-stochastische Näherungslösungen generieren. Neuronale Netze sind spezielle heuristische Methoden. Eine Heuristik kommt bei Problemen der Klasse NP (Nichtdeterministisch Polynomial, bedeutet Lösung „erraten") zum Einsatz. Das Problem des Handlungsreisenden (travelling salesman) ist der bekannteste Stellvertreter der Klasse NP.

Was macht der Quantencomputer?

Die Hoffnung, dass NP-Probleme bald durch Quantencomputer in linearem Zeitmaß exakt gelöst werden können, wird hinsichtlich ihrer praktischen Umsetzbarkeit von wenigen, aber nüchternen Forschern (wie Mikhail I. Dyakonov) mit guten Argumenten entkräftet [13, 14]. Die Theorie hinter dem Quantencomputer ist faszinierend wie keine zweite, denn die Erkundung der feinstofflichsten Ebene der Materie, wo Ursache und Wirkung aufgelöst werden, erfordert ein neues Denken. Die KI könnte Quantensprünge in der Kryptographie machen, um eine konkrete Anwendung zu nennen, doch die Probleme des Quantencomputers liegen nicht nur in der Fertigung und im Betrieb, sondern in seiner Fehlerhaftigkeit bei einfachsten arithmetischen Operationen. Dennoch nutzt das Quantencomputing quantenmechanische Effekte zur Erzeugung echter Zufallszahlen (QRNG, Quantum Random Number Generator), die in der Kryptographie und für kryptographische Währungen eingesetzt werden [15, 16]. Allgemein, und was die KI betrifft, steht fest, dass Quantencomputer den Digitalrechner nicht ersetzen, sondern allenfalls in Gestalt eines Hybridrechners ergänzen können. Auch wenn auf dem Kapitalmarkt spekuliert wird, liegt die allgemeine kommerzielle Nutzung des Quantencomputers in der Ferne.

2.4   Neuronale Netze

Die Entwicklung neuronaler Netze

Die Entwicklung neuronaler Netze geht zurück auf McCulloch und Pitts, die das erste mathematische Modell eines künstlichen Neurons in Jahr 1943 vorstellten. Frank Rosenblatt entwickelte im Jahr 1958 das Perceptron, ein einfaches künstliches neuronales Netzwerk, das Muster erkennen konnte. Minsky und Papert zeigten im Jahr 1969 die Grenze von einschichtigen Perceptronen auf, die Rumelhart, Hinton und Williams in den 80er Jahren durch mehrschichtige neuronale Netze und Backpropagation auflösten. Im Jahr 1986 entwickelten Sejnowski und Rosenberg das NetTalk-System, eines der ersten neuronalen Netze, das erfolgreich Texte in Sprache umwandelte. Weitere Meilensteine sind Deep Learning (2006), ImageNet (2012), Generative Adversarial Networks (GAN, 2014) und AlphaGo von Google DeepMind (2016), das den Go-Weltmeister Lee Sedol besiegte.

Aufbau und Eigenschaften neuronaler Netze

Ein biologisches Neuron wirkt wie ein künstliches im Computer. Es kann Signale empfangen (Eingabe), bündeln, verändern (Verarbeitung) und weiterleiten (Ausgabe). Neuronen sind durch Synapsen (via Neurotransmitter) miteinander verbunden (Abb. 2.5). Die Signale laufen in einer Richtung. Künstliche und biologische Gehirne sind komplexe Netzwerke aus Neuronen, mit der gemeinsamen Methode des Lernens durch „Versuch und Irrtum" (Abb. 2.8); die Information ändert beim Computer den Datenspeicher (RAM), beim Menschen den Prozessor selbst (die Struktur des Gehirns, Abschn. 2.1). Das ist das Wesentliche. Der zweite Punkt ist die Art der Signalverbreitung, die beim biologischen System elektrochemisch abläuft. Der dritte Unterschied betrifft die Geschwindigkeit und Verarbeitung der Signale, die im Elektronenhirn des Computers um ein Vielfaches schneller ist als die in einem Gehirn; andererseits verlaufen die Signale zwischen den biologischen Neuronen massiv parallel, während die Signale und Operationen in einem künstlichen Neuronalen Netz nacheinander (seriell oder nur teilweise parallel) im Prozessor des Computers (CPU) verarbeitet werden können.

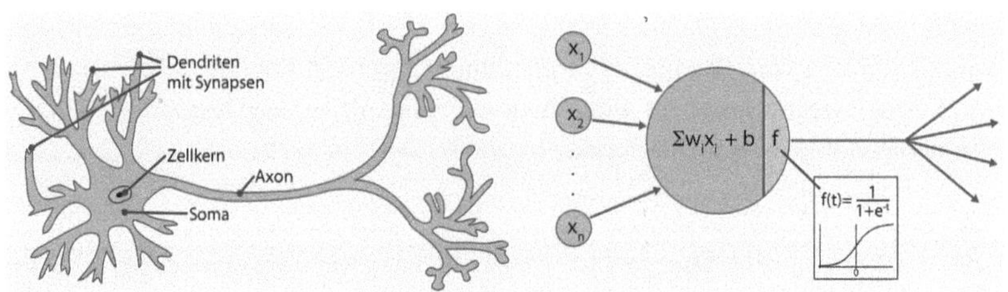

Abb. 2.5   Neuron eines Gehirns mit mathematischem Modell [20]

Ein wesentlicher Fortschritt in der Entwicklung neuronaler Netze brachte die Einführung von Schichten (Hidden Layer) zwischen der Eingabe- (Input-) und der Ausgabeschicht (Output Layer) [17]. Solche als Multi Layer Perceptrons (MLP) bezeichneten neuronalen Netze gehen zurück auf Steinbuch (1961); sie wurden weiterentwickelt und populär durch Rumelhart, Hinton und Williams (1986). MLP können nicht-linear separierbare logische Funktionen (wie XOR) [18] und (universell) stetige Funktionen approximativ abbilden [19].

Wie eine Gehirnzelle durch ein künstliches Neuron simuliert wird, zeigt Abb. 2.5. Die Signale (x_i) werden durch Gewichte (w_i) verstärkt (oder gedämpft), der Zellkörper summiert (Σ) die gewichteten Eingänge und transformiert die Summe durch eine Aktivierungsfunktion zum Ausgang $f(\Sigma)$, der eine Zahl im Intervall [0, 1] abbildet.

Das neuronale Elektronenhirn

Das neuronale Netz der Abb. 2.6 besteht aus zwei logischen Eingängen $(x_1, x_2) \in \{0, 1\}$, zwei verborgenen Neuronen $(a_1, a_2) \in [0, 1]$ und dem Neuron für den Ausgang $\hat{y} \in [0, 1]$ des Zielwerts y. Jedes Neuron hat einen dritten Eingang (Bias b_i, c) zur Verschiebung der Aktivierungsfunktion $\sigma(\Sigma)$.

Vorwärtsrechnung – Ausbreitung der Signale

Der Lernprozess eines MLP kann erst nach einer Vorwärtsrechnung beginnen, d. h. nachdem die Signale das Ausgangsneuron passiert haben und der Fehler (Abstand) $\hat{y} - y$ vom Zielwert y ermittelt wurde (Abb. 2.6). Die Vorwärtsrechnung bündelt die gewichteten Signale $z_1 = \Sigma_1 = x_1 w_{11} + x_2 w_{21} + b_1$ und transformiert das Bündel mithilfe einer Aktivierungsfunktion zu einem Ausgangssignal $a_1 = \sigma(z_1)$; entsprechend entstehen $a_2 = \sigma(x_1 w_{12} + x_2 w_{22} + b_2)$ und $\hat{y} = \sigma(a_1 v_1 + a_2 v_2 + c)$. Als Aktivierungsfunktion wird häufig die Sigmoidfunktion $\sigma(x) = 1/(1 + e^{-x})$ eingesetzt, die Werte im Bereich [0, 1] ausgibt (Abschn. 2.6).

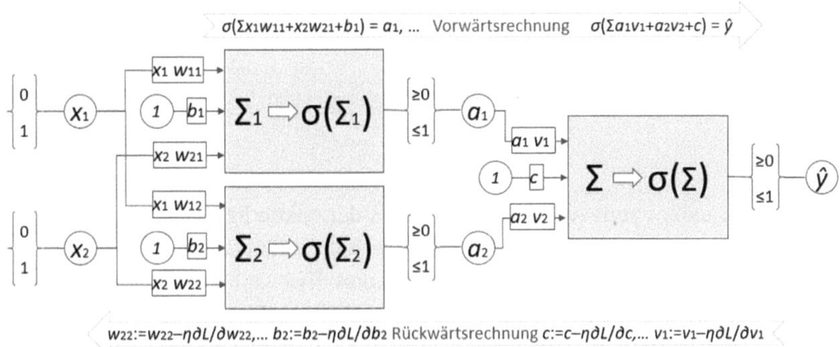

Abb. 2.6 MLP mit zwei Eingängen, drei Neuronen und drei Gewichten (Bias)

Rückwärtsrechnung – Lernen durch Korrektur der Gewichte

Das Lernen verändert schrittweise alle Gewichte (w_{ik}, b_i, v_i, c), bis das Netzwerk einen Wert $\hat{y}$ ausgibt, der dem Zielwert y entspricht, d. h. bis der Abstand $\hat{y} - y$ hinreichend klein ist. Da der Fehler minimal werden soll, aber nicht negativ sein darf, wird er als mittlere quadratische Abweichung $L = \frac{1}{2}(\hat{y} - y)^2$ bestimmt. Durch Rückwärtsberechnung und -korrektur der Gewichte wird der Fehler über das ganze Netz hinweg verteilt. Die Suche nach dem Minimum des Fehlers $L(\sigma(v_1, v_2))$ behandelt Abschn. 2.6, der die mathematische Seite des maschinellen Lernvorgangs genauer untersucht.

Ein neuronales Netz lernt die XOR-Funktion

Die elementaren logischen Funktionen AND und OR (Abschn. 2.2) sind linear separierbar, da ihre als Punkte auf einem ebenen Koordinatensystem eingetragenen logischen Ausgänge durch eine Gerade getrennt werden können. Das geht bei den Kombinationen der XOR-Funktion nicht, weshalb XOR eine nichtlinear separierbare Funktion darstellt, die zur Realisierung ein MLP benötigt. Das neuronale Netz mit den Eingängen $(x_1, x_2) \in \{0, 1\}$, den Verstärkern (Bias b_1, b_2, c) der Aktivierungsfunktion $\sigma()$ und dem Ausgang $\hat{y} \in [0, 1]$ (Abb. 2.6), eignet sich für die Approximation der XOR-Funktion.

Wir statten Adam und Eva mit dem geistigen Vermögen von jeweils einer Gehirnzelle aus; mit dem beidseitigen Vorteil, spontan darüber entscheiden zu können, ob gestritten wird oder nicht (Abb. 2.7). Die Gehirne senden die Signale x_1,

Abb. 2.7 Tabelle der XOR-Funktion

Adam x1		Eva x2		x1 XOR x2	
will nicht	**0**	will nicht	**0**	kein Streit	**0**
will	**1**	will nicht	**0**	Streit	**1**
will nicht	**0**	will	**1**	Streit	**1**
will	**1**	will	**1**	kein Streit	**0**

x_2 aus; sie wandern zum Ausgang $\hat{y}$ des MLP, der ankündigt, ob zwischen Adam (x_1) und Eva (x_2) Einigkeit besteht oder ob sie sich streiten $(x_1 \text{ XOR } x_2 = 1)$.

Das MLP soll lernen, wann Adam (x_1) und Eva (x_2) miteinander streiten: $x_1 \text{ XOR } x_2 = y$. Die Inputs (Stimmungen x_1 und x_2) bestimmen entsprechend der XOR-Vorschrift den Output (Zustand) y. Das Lernen ändert die Gewichte (Stärke) der Signale (x_i oder a_i) zwischen den Knoten (Neuronen) entlang der Kanten (Synapsen). Am Anfang ist das MLP (sind die Gewichte w_{ik}, b_i, v_i, c) in Unordnung und die Signale erzeugen durch Vorwärtsrechnung einen Ausgang $\hat{y}$ mit dem Fehler $\hat{y} - y$, der zur Korrektur der Gewichte durch Rückwärtsrechnung genutzt wird. Die Lerneinheiten (Epochen) werden so lange wiederholt, bis der Fehler minimal ist und das Netzwerk den Zielwert y approximiert hat.

```
# Lernrate #     eta = 0.5
# Training #     for epoch in range(20000):
                     # Vorwärtsdurchlauf #
                     hidden_input = np.dot(X, W1) + B1
                     hidden_output = sigmoid(hidden_input)
                     final_input = np.dot(hidden_output, W2) + B2
                     final_output = sigmoid(final_input)
                     # Fehlerberechnung #
                     error = y - final_output
                     # Rückpropagation #
                     d_output = error * sigmoid_derivative(final_output)
                     d_hidden = d_output.dot(W2.T) * sigmoid_derivative(hidden_output)
                     # Gewichts- und Bias-Updates #
                     W2 += hidden_output.T.dot(d_output) * eta
                     B2 += np.sum(d_output, axis=0, keepdims=True) * eta
                     W1 += X.T.dot(d_hidden) * eta
                     B1 += np.sum(d_hidden, axis=0, keepdims=True) * eta
```

Abb. 2.8 Der Kern des MLP-Programms zur Approximation der XOR-Funktion

Eine musikalische Analogie

Würde man versuchen, eine Pianistin (die das Larghetto von Mozarts letztem Klavierkonzert gefühlvoll interpretiert) durch ein Orchester aus 88 Trommlern (des Tonspektrums eines Klaviers) zu ersetzen, wäre der Unterschied (vom Energieaufwand bis hin zur Klangvirtuosität) nicht annähernd so groß wie der Unterschied zwischen einem Gehirn und einem künstlichen neuronalen Netz. – Dennoch bringen sehr große neuronale Netze unerwartet gute Ergebnisse in vielen Anwendungsbereichen zustande.

Ein MLP-Programm in Python

Die KI-Chatbots haben die Aufgabe bekommen: „Schreibe ein Programm, das die XOR-Funktion als neuronales Netz abbildet". Alle haben sie gelöst; DeepSeek hat das schwächste MLP generiert, ohne Bias, das erheblich mehr Trainingsläufe (Epochen) zur Approximation benötigt und viel schlechter konvergiert als das folgende von ChatGPT (Definitionen, Initialisierungen durch den Zufallsgenerator und die Ausgabe fehlen).

Das Python-Programm (Abb. 2.8) trainiert ein MLP zur Approximation der XOR-Funktion. Die Signale der Inputs ($I1 = x_1$ und $I2 = x_2$) durchlaufen die (verborgenen) Neuronen (H1 und H2) mit den Stärken w_{11}, w_{12}, w_{21}, w_{22}, b_1, b_2 (hidden) und v_1, v_2, c (output) zum Output $O1 = \hat{y}$, der nach 20 000 Epochen den Zielwert y auf eine Stellen nach dem Komma genau abbildet.

Das Programm konvergiert sichtbar und zeigt, wie das neuronale Netz (MLP) durch Training nach und nach die XOR-Funktion lernt. Die Abb. 2.9 und 2.10 zeigen den Graph des MLP und seine Lernkurve (die mittlere quadratische Abweichung des Fehlers, MSE).

2.5 Generative neuronale Netze und generative KI

KI-Chatbots

Erst mit der Verbreitung von Chatbots seit Ende 2022 wurden KI und neuronale Netzwerke populär. Neben ChatGPT (Generative Pretrained Transformer) tauchten weitere KI-Maschinen auf, wie Meta AI und DeepSeek. In Kap. 3 werden Varianten der KI-Chatbots genutzt und an Beispielen getestet.

Generative neuronale Netzwerke

Das GAN (Generative Adversial Network) wird in der generativen KI verwendet, um Daten, wie Bilder, Texte oder Musik zu erstellen. Es besteht aus zwei Netzwerken, die einen Wettstreit austragen. Der Generator versucht künstliche Daten

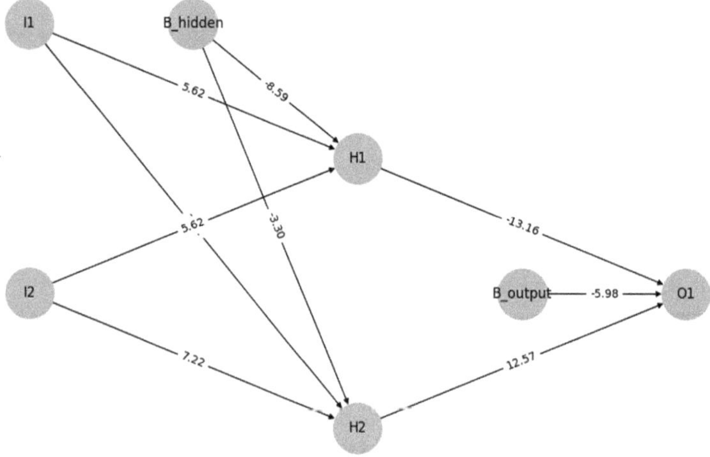

Abb. 2.9 Der Graph des XOR-MLP mit Bias-Knoten (B_hidden, B_output)

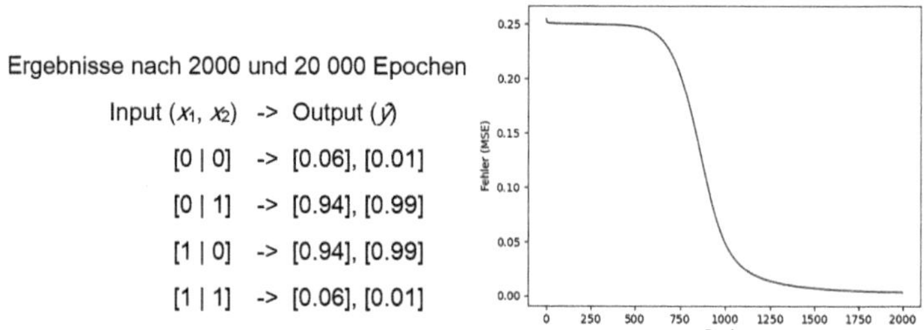

Abb. 2.10 Ergebnisse und Lernkurve des XOR-MLP

(Fakes) zu erzeugen, die der Diskriminator nicht mehr von echten Daten unterscheiden kann. In einem Trainingsprozess entscheidet eine statistische Min–Max-Verlustfunktion fortlaufend, ob der Diskriminator besser darin ist, Fake von Original zu unterscheiden oder ob der Generator besser darin ist, den Diskriminator zu täuschen. Das Spiel geht so lange bis der Diskriminator generierte Daten nicht mehr von echten unterscheiden kann, d. h. bis die vom Generator erzeugten Daten „statistisch echt" sind.

Mit einem GAN kann Desinformation (eine Falschmeldung) glaubhaft im Internet verbreitet werden. Ein Deepfake („Deep Learning" and „Fake") wurde beispielsweise verwendet, um im Namen des ukrainischen Präsidenten die Kapitulation zu erklären [21]. Der Hamas wird vorgeworfen, durch manipulierte Bilder, KI für die Verbreitung von Desinformation zu missbrauchen [22]. Verglichen mit den im Zweiten Weltkrieg verwendeten Techniken, wie z. B. die Verteilung von Flugblättern, führt diese digitale Form der Propaganda zu einer weiten Verbreitung in kürzester Zeit, sodass Social-Media-Plattformen Schwierigkeiten haben, solche Propaganda zu löschen [23]. Propagandistische Schachzüge können durch die voranschreitende KI-Technologie zunehmend schwerer erkannt werden [24]. Insbesondere die Bildgenerierung durch GAN stellt für die digitale Forensik eine Herausforderung dar [25].

Der Missbrauch von GAN kann zu Rufschädigung und Vertrauensverlust führen. Die digitale Forensik versucht, die durch GAN erzeugten Bilder zu erkennen; wird jedoch ein GAN zur Identifizierung von Deepfakes trainiert, kann es die Bilder eines anderen GAN schwer erkennen [26, 27]. Die Schwäche resultiert aus der oben beschriebenen Eigenschaft der Bilderzeugung. Es benötigt andere Methoden zur Analyse einer Bildmetrik, wie beispielsweise der generalistische Ansatz über das Benfordsche Gesetz [28], wo die logarithmische Verteilung führender Ziffern von Datensätzen analysiert wird [29]. Diese allgemeine Gesetzmäßigkeit wird auch zur Identifikation von Steuerbetrug eingesetzt [30]. Eine Übersicht der Forschungsschwerpunkte findet man bei Verdoliva [31].

Generative KI
Generative KI (Generative Artificial Intelligence) ist ein Teilbereich der KI, der sich mit der Erstellung von neuen Inhalten beschäftigt. Im Gegensatz zu gewöhnlichen KI-Systemen, die auf die Analyse und Verarbeitung von bestehenden Daten beschränkt sind, können generative KI-Systeme neue Objekte, wie Bilder, Texte, Musik oder Videos erzeugen, mit vielen Anwendungen, wie die Erstellung neuer Kunstwerke, Designs oder Musik (Kunst und Design), die Variation von bestehenden Datenobjekten zur Verbesserung von KI-Modellen (Daten-Augmentation) sowie die Generierung neuer Konzepte zur Problemlösung oder Produktentwicklung (Kreativität und Innovation).

Generative KI kann Inhalte für soziale Medien oder Werbung produzieren; sie nutzt verschiedene Algorithmen und Techniken, wie das oben beschriebene GAN (ein wechselseitiges Konkurrieren zweier neuronaler Netze zur Imitation von realen Daten). Das VAE (Variational Autoencoder) ist ein neuronales Netz, das Daten komprimiert und dann wieder rekonstruiert, um neue Objekte zu bilden. Neuronale Netze vom Typ des Transformator-Modells, die auf der Basis von Selbstaufmerksamkeit und Encoder-Decoder-Architekturen arbeiten, generieren Texte oder andere Arten von Sequenzen.

Inhalte zu erstellen, die nicht vom Original zu unterscheiden sind, ist eine Herausforderung für die generative KI. Ethik und Verantwortung sowie Datenschutz und Sicherheit spielen dabei eine große Rolle. KI darf nicht zum Instrument von Täuschung und Manipulation werden. Die Privatsphäre und Sicherheit von Menschen darf nicht durch KI gefährdet werden. Der Identitätsmissbrauch durch ein manipuliertes Video im Wahlkampf eines SVP-Nationalrats hatte zur Folge, dass ihm die Immunität entzogen wurde, obwohl der Deepfake klar als KI-generiert gekennzeichnet war [32].

2.6   Mathematische Pfeiler der KI

Die KI steht auf zwei mächtigen Pfeilern: die Infinitesimalrechnung (für algorithmische Programme) und die Statistik mit Wahrscheinlichkeitsrechnung (für algorithmisch-stochastische Programme, Abschn. 2.3). Wir schauen auf den ersten Pfeiler (den zweiten Pfeiler findet man im *Essential* „Statistische Hypothesentests – Bausteine der Künstlichen Intelligenz"). – Die Infinitesimalrechnung verwandelt Quotienten von Differenzen ($\Delta y \div \Delta x$) in Quotienten von Differentialen ($dy \div dx$) und diskrete Summen (Σ) in Integrale ($\int$). Den Differentialquotienten bezeichnet man als erste Ableitung von y nach x. Der Begriff „infinitesimal" (unendlich) meint „beliebig klein". Das passt nicht zum Digitalrechner (Abschn. 2.2), funktioniert aber vollständig, innerhalb gewisser Genauigkeiten, für sämtliche Anwendungen in der Praxis. – Wie ,+', ,–' und ,·', ,/' sind ,d', ,$\int$' zueinander inverse Operatoren der Infinitesimalrechnung.

Infinitesimalrechnung kompakt
Das Fundament der Differential- und Integralrechnung in aller Kürze erklärt an der Frage: Wie steht eine Gerade $f(x) = a\,x + b$ zu ihrer Fläche $F(x) = \frac{1}{2}\,a\,x^2 + b\,x$ bezüglich der ersten Ableitung von $F(x)$ in Beziehung? (Abb. 2.11)

$$\frac{\Delta F}{\Delta x} = \frac{F(x_0 + h) - F(x_0)}{(x_0 + h) - x_0} = \frac{\frac{1}{2}a\,(x_0 + h)^2 + b\,(x_0 + h) - (\frac{1}{2}a\,x_0^2 + b\,x_0)}{h}$$

$$= \frac{h\,(\frac{1}{2}a\,h + a\,x_0 + b)}{h} \qquad \text{Differenzen}$$

$$\frac{dF}{dx} = F'(x_0) = \lim_{h \to 0}(\tfrac{1}{2}a\,h + a\,x_0 + b)$$

$$= a\,x_0 + b \quad \text{Differentiale (erste Ableitung von } F \text{ nach } x)$$

Das heißt, die Fläche $F(x)$ unterhalb einer Geraden $f(x)$ ergibt abgeleitet ihre Gerade: $F'(x) = f(x)$.

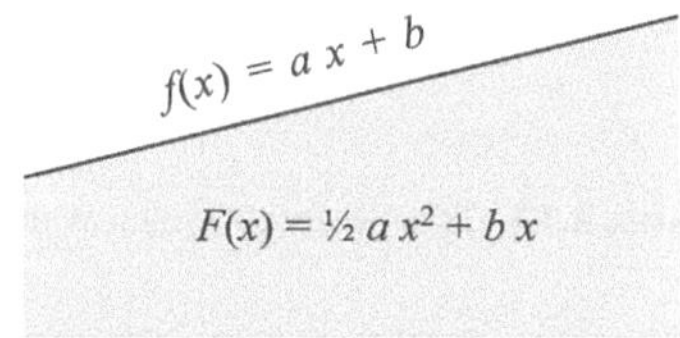

Abb. 2.11 Beziehung von Gerade und Fläche

$F(x)$ wird Integral oder Stammfunktion von $f(x) = F'(x)$ genannt. Die inverse Beziehung $F(x) = \int F'(x)\,dx$ ist allgemein gültig; speziell für die Potenzfunktion gilt:

$$\frac{dx^n}{dx} = nx^{n-1}, \quad \int x^{n-1}dx = \frac{1}{n}x^n.$$

Das Fundament

Die Fläche von $f(x)$ im Intervall $[a, b]$ ist das bestimmte Integral:

$$\int_a^b f(x)\,dx = \lim_{n \to \infty} \sum_{k=1}^n f(x_k)\,\Delta x_k \quad \Rightarrow$$

$$\int_a^b f(x)\,dx = F(b) - F(a), \quad F'(x) = f(x).$$

Unbestimmt, symbolisch: $F'(x) = f(x) \Leftrightarrow dF = f(x)dx \Leftrightarrow \int dF$
$$= \int f(x)dx \Leftrightarrow F(x) = \int f(x)dx.$$

Die Operanden für die Differenz Δ und $d()$, und für die Summe Σ und $\int$, stehen sich gegenüber in einer Analogie für das endlich Diskrete und für das (gedachte) infinitesimal Kontinuierliche.

Die Wahrscheinlichkeit

Die wichtigste Quelle der KI ist die Beurteilende Statistik, deren Kern die Wahrscheinlichkeitsrechnung ist. Mit welcher Wahrscheinlichkeit $P(X)$ ein Ereignis X über einem Horizont $[a, b]$ stattfindet, kann als die Summe diskreter oder infinitesimaler Wahrscheinlichkeiten berechnet werden.

Ein Beispiel diskreter Wahrscheinlichkeit aus dem Alltag: Ein Elektriker und ein Installateur sollen vereinigt $(x_1 \cap x_2)$ eine Hybridheizung in Gang setzen. Die Wahrscheinlichkeit für einen gemütlichen Winterabend ist P(„warm") $= 12\,\%$ (Abb. 2.12).

Elektriker P(x1)	Installateur P(x2)	P(x1∩x2) = P(x1)×P(x2)
kommt nicht **0,6**	kommt nicht **0,7**	0,6 × 0,7 = 42 %
kommt **0,4**	kommt nicht **0,7**	0,4 × 0,7 = 28 %
kommt nicht **0,6**	kommt **0,3**	0,6 × 0,3 = 18 %
kommt **0,4**	kommt **0,3**	0,4 × 0,3 = 12 %

Abb. 2.12 Tabelle der diskreten Wahrscheinlichkeiten

Das allgemeine kontinuierliche Gesetz

Sei $f(x)$ die Wahrscheinlichkeitsdichte, dann findet X mit der Wahrscheinlichkeit $P(X)$ über $[a, b]$ statt:

$$P(X) = \int_a^b f(x)\, dx = F(b) - F(a)$$

$\Rightarrow$ Überlegung: Was sagt unser sechster Sinn zum Fall $b = a$?

Ableitung verknüpfter Funktionen

Produktregel: $f(x) = g(x) \cdot h(x) \quad \Rightarrow \quad f'(x) = g'(x) \cdot h(x) + g(x) \cdot h'(x)$

Kettenregel: $f(x) = g(h(x)) \quad \Rightarrow \quad f'(x) = g'(h(x)) \cdot h'(x)$

Partielle Differentiale

Die Ableitungsregeln von $y = f(x_1, x_2)$ bei konstantem x_2 oder bei konstantem x_1:

Partielle Ableitungen: $\dfrac{\partial f(x_1, x_2)}{\partial x_1} = \dfrac{\partial y}{\partial x_1}$, $\dfrac{\partial f(x_1, x_2)}{\partial x_2} = \dfrac{\partial y}{\partial x_2}$

Totales Differential: $dy = \dfrac{\partial f(x_1, x_2)}{\partial x_1} dx_1 + \dfrac{\partial f(x_1, x_2)}{\partial x_2} dx_2$ (Die Summe der partiellen Differentiale)

Lernen durch Rückwärtsrechnung und Gradientenabstieg

Die Methoden des maschinellen Lernens, z. B. für Spracherkennung oder für Prognosen, sind auf beide mathematische Pfeiler gestützt. Das Handwerk der Infinitesimalrechnung ist der Schlüssel zum Verständnis des Lernmechanismus am Beispiel der im Abschn. 2.4 beschriebenen Heuristik eines MLP. Die Unsicherheit einer Heuristik liegt in der Nutzung des Zufalls, mit dem Ziel, nicht alle möglichen Lösungen eines schwierigen Problems erwägen zu müssen, sondern Abkürzungen zu suchen, die den Lösungsweg beschleunigen. Die Suche nach dem Maximum oder Minimum einer räumlichen Funktion $y = f(x_1, x_2)$ wird oft verglichen mit einem Wanderer, der nicht weiß, wo er steht und den Weg zum höchsten Gipfel oder den zum tiefsten Tal sucht. Eine Drohne, die das gesamte Gebirge überschaut, könnte den Wanderer lenken; doch er sieht nur kurze Abschnitte und kann sich leicht in Richtung eines niedrigeren Gipfels oder eines höheren Tales verirren, und bei schlechter Orientierung sogar solche Nebenplätze mehrfach aufsuchen. Ein derartiger Fall ist die Suche nach dem minimalen Fehler beim Lernprozess eines MLP.

Abb. 2.13 visualisiert die Verlustfläche $L(v_1, v_2)$, während die Gewichte w_{ik}, b_i, und c fixiert sind (Abschn. 2.4). In Abb. 2.13 erscheint L als Tuch, das auf die Ebene (v_1, v_2) herabfällt, auf dem der Pfad des Gradienten-Abstiegs von einem zufälligen Ort zum Minimum führt.

Der Moment des Lernens beginnt mit der Einsicht in den Fehler (MSE) $L = \frac{1}{2}(\hat{y} - y)^2$ nach der Vorwärtsrechnung (Abschn. 2.4). Das Lernen besteht in der Anpassung der Gewichte in der Rückwärtsrechnung beim Gradientenabstieg durch die partiellen Differentialquotienten (s. unten).

Rückwärtsrechnung (Fehlerterme)

Output-Knoten: $\delta^{\text{out}} = \frac{\partial L}{\partial \hat{y}} = \hat{y} - y$

Versteckte Knoten:
$$\delta_1 = \frac{\partial L}{\partial a_1}\sigma'(z_1) = v_1\delta^{\text{out}}\sigma'(z_1),$$
$$\delta_2 = \frac{\partial L}{\partial a_2}\sigma'(z_2) = v_2\delta^{\text{out}}\sigma'(z_2)$$

Gradientenverteilung (elementweise auf die Gewichte)

Output-Gewichte und Bias: $\frac{\partial L}{\partial v_1} = \delta^{\text{out}} a_1$, $\frac{\partial L}{\partial v_2} = \delta^{\text{out}} a_2$, $\frac{\partial L}{\partial c} = \delta^{\text{out}}$

Hidden-Gewichte und Bias:
$$\frac{\partial L}{\partial w_{11}} = \delta_1 x_1, \frac{\partial L}{\partial w_{21}} = \delta_1 x_2, \frac{\partial L}{\partial b_1} = \delta_1$$
$$\frac{\partial L}{\partial w_{12}} = \delta_2 x_1, \frac{\partial L}{\partial w_{22}} = \delta_2 x_2, \frac{\partial L}{\partial b_2} = \delta_2$$

Gradientenabstieg (Update-Regeln)

Mit Lernrate $\eta > 0$:
$$v_j \leftarrow v_j - \eta \frac{\partial L}{\partial v_j}, j \in \{1,2\},$$
$$c \leftarrow c - \eta \frac{\partial L}{\partial c},$$
$$w_{k\ell} \leftarrow w_{k\ell} - \eta \frac{\partial L}{\partial w_{k\ell}}, b_\ell \leftarrow b_\ell - \eta \frac{\partial L}{\partial b_\ell}$$

Ableitungen
$$L(v_1, v_2) = \frac{1}{2}(\sigma(v_1 a_1 + v_2 a_2 + c) - y)^2$$
$$z = v_1 a_1 + v_2 a_2 + c. \hat{y} = \sigma(z), \sigma'(z) = \hat{y}(1 - \hat{y})$$

$$\frac{\partial L}{\partial v_1} = (\hat{y} - y)\,\sigma'(z)\,a_1 = (\hat{y} - y)\,\hat{y}(1 - \hat{y})\,a_1,$$
$$\frac{\partial L}{\partial v_2} = (\hat{y} - y)\,\sigma'(z)\,a_2 = (\hat{y} - y)\,\hat{y}(1 - \hat{y})\,a_2,$$
$$\frac{\partial L}{\partial c} = (\hat{y} - y)\,\sigma'(z) = (\hat{y} - y)\,\hat{y}(1 - \hat{y}).$$

Abb. 2.13 Verlustfläche
$L(v_1,v_2)$ für
Gradientenabstieg

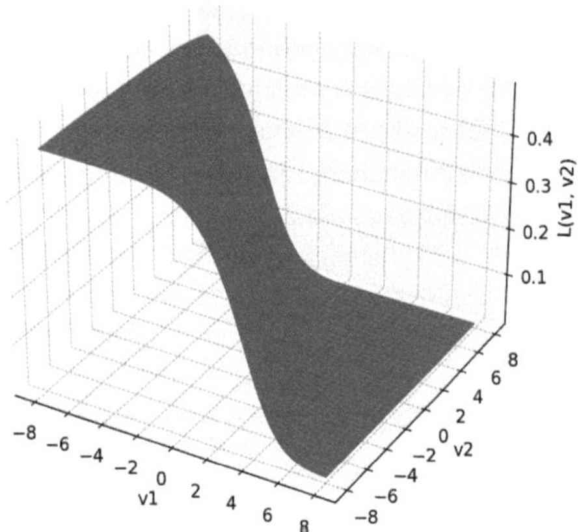

Aktivierungsfunktion Sigmoid

Zur Aktivierung eines Neurons bei der Vorwärtsrechnung verwenden wir die Sigmoidfunktion $\sigma()$, und für die Rückwärtsrechnung deren Ableitung $\sigma'()$. Somit enthält jedes MLP-Programm ein Statement für $\sigma()$ und eines für $\sigma'()$.

Die Sigmoidfunktion $\sigma(x) = \frac{1}{1+e^{-x}}$ und ihre erste Ableitung $\sigma'(x) = \sigma(x)\,(1 - \sigma(x))$ werden graphisch dargestellt in Abb. 2.14.

Der sechste Sinn

Mit welcher Wahrscheinlichkeit findet ein Ereignis $X(t)$ zum Zeitpunkt $t \in [a, b]$, für $b = a \in \mathbb{R}$ statt?

$$P(X) = \int_a^b f(t)\,dt = F(b) - F(a) = F(a) - F(a) = 0$$

$$\Rightarrow \quad P(X) > 0 \Leftrightarrow b > a. \quad \text{(s. Frage oben)}$$

Nur das mathematische Auge (unser sechster Sinn) hat eine derart feine Lupe, die erkennen lässt, dass der Zeitpunkt $t \in \mathbb{R}$ und das Intervall $[a, a] \in \mathbb{R}$ nicht existieren; d. h. ein Punkt, der eine Reelle Zahl verkörpern soll, ist eine Fiktion. Damit ein Ereignis X existieren kann, braucht es das Quantum eines Intervalls, sei es noch so klein, wie z. B. $b - a = \hbar$. Das Erstaunliche dabei ist der Bezug zur Quantenwelt der Theoretischen Physik. Vor allem, wenn man bedenkt, dass Mathematik vom Standpunkt des Mathematikers seit jeher als Glasperlenspiel betrachtet wird; als abgeschlossenes, zum Selbstzweck geschaffenes System mit

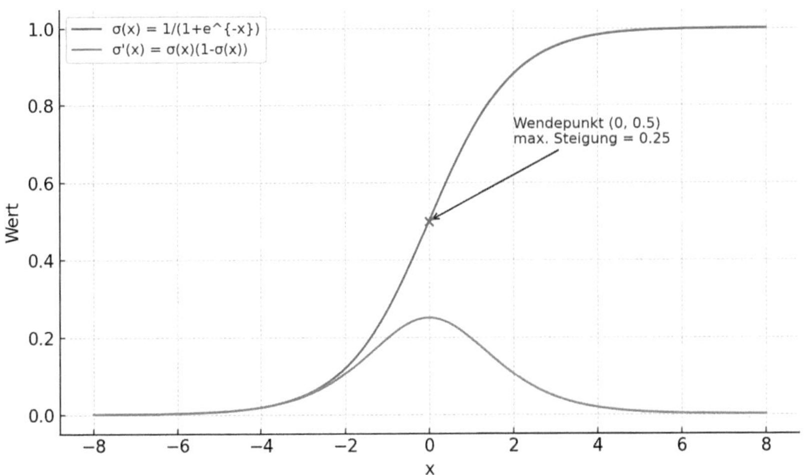

Abb. 2.14 Sigmoidfunktion $\sigma(x) \in [0, 1]$ mit Ableitung $\sigma'()$

Sätzen, die keinen Anspruch haben, Aussagen über die Beziehung realer Dinge zu machen, die gültig sind. Doch das ging, wo man heute hinschaut, schief.

Zwei historische Fälle von höchstem Rang sind die Übertragung der Riemann'schen Geometrie von gekrümmten Räumen mit n Dimensionen (1854) auf die Relativitätstheorie (für $n=4$) durch Einstein (1915), und Boltzmanns (1877) Herleitung der Wahrscheinlichkeit mikroskopischer Zustände und der makroskopischen Entropie, die ihn zur Formel $S=k\cdot\ln W$ führte, wie sie auf seinem Grabstein in Wien eingraviert ist. – Geistesblitze, abstrakte Mathematik (Riemann), Wahrscheinlichkeit (Boltzmann) und Physik (Einstein), die zu einem Weltbild verschmelzen. Wie oben, im Abschn. 2.2, gesehen, hat Shannon (1948) Boltzmanns Teilchenzustände der Physik in der Informationstheorie verallgemeinert. Er soll seine Größe „Entropie" genannt haben, weil Von Neumann ihm riet: „Nenne es Entropie. Niemand versteht genau, was das ist. Also hast Du im Streit immer den Vorteil."

3

3.1 Mathematische Tests

Die Entwicklung der KI ist nicht so weit fortgeschritten, dass sich jede Aufgabe im Handumdrehen lösen lässt. Charakteristisch für alle Lösungen ist: Das Problem muss *klar und eindeutig* formuliert werden, wie der erste Fall gleich zeigt. Zunächst soll die KI ein Problem lösen, das von Johannes Müller (Regiomontanus, 1436–1476) stammt.

Ein uraltes Spiel mit ganzen Zahlen

Prompt Finde vier Quadratzahlen, deren Summe eine Quadratzahl ist.

Meta AI Ein schönes mathematisches Problem! Hier sind vier Quadratzahlen, deren Summe eine Quadratzahl ist: $1^2 = 1$, $2^2 = 4$, $2^2 = 4$, $2^2 = 4$

Die Summe ist: $1 + 4 + 4 + 4 = 13$, nein, das stimmt nicht. Moment … Probieren wir es nochmal:
$3^2 = 9$, $4^2 = 16$, $0^2 = 0$, $0^2 = 0$
Die Summe ist: $9 + 16 = 25$, und 25 ist 5^2. Das funktioniert also, wenn wir zwei der Zahlen als 0 setzen. Eine andere Lösung ohne Nullen wäre schwieriger zu finden, aber hier ist eine:
$1^2 = 1$, $2^2 = 4$, $2^2 = 4$, $3^2 = 9$ funktioniert nicht, aber …
Eine mögliche Lösung ist tatsächlich:
$6^2 + 6^2 + 6^2 + 6^2 = 144 = 12^2$

© Der/die Autor(en), exklusiv lizenziert an Springer Fachmedien Wiesbaden GmbH, ein Teil von Springer Nature 2026
S. Weinmann, *KI verstehen und intelligent nutzen*, essentials,
https://doi.org/10.1007/978-3-658-50410-6_3

Prompt Finde vier voneinander *verschiedene* Quadratzahlen, die alle *größer als 0* sind und deren Summe eine Quadratzahl ergibt.

Meta AI Eine Herausforderung! Nach langem Suchen habe ich eine Lösung gefunden:

$1^2 = 1$, $2^2 = 4$, $4^2 = 16$, $7^2 = 49$. Die Summe ist: $1 + 4 + 16 + 49 = 70$, nein.

Probieren wir es nochmal: $2^2 = 4$, $3^2 = 9$, $4^2 = 16$, $5^2 = 25$ funktioniert nicht, aber

...

$18^2 + 15^2 + 12^2 + 6^2 = 324 + 225 + 144 + 36 = 729 = 27^2$

Falls du jedoch eine systematische Methode suchst, um solche Lösungen zu finden, könnte ich dir auch dabei helfen.

Prompt Ja, schreibe ein Programm, das alle Lösungen folgender Aufgabe generiert: Welche fünf voneinander verschiedenen natürlichen Zahlen a, b, c, d, s erfüllen die Gleichung a^2 + b^2 + c^2 + d^2 = s^2, unter der Bedingung a*b*c*d > 0?

Meta AI Hier ist ein Python-Programm, das alle Lösungen für die gegebene Aufgabe generiert.

Das Programm von Meta AI verlangte eine kleine Korrektur. In der IDLE Shell von Python 3.13.5 gab es für Zahlen im Intervall [1.10] die vollständige Lösung aus:

(1, 2, 4, 10, 11), (1, 2, 8, 10, 13), (2, 4, 5, 6, 9), (2, 4, 7, 10, 13), (5, 6, 8, 10, 15).

Fazit: Findet die KI keine vollständige Lösung für mathematisch anspruchsvolle Aufgaben, die klar und eindeutig gestellt sind, kann die KI ein Programm schreiben, das man selbst ausführt.

Eine seltene physikalisch-technische Frage: Was kostet ein Gramm Licht?

Prompt Was kostet ein Gramm Licht bei einem Preis von 40 Cent pro Kilowattstunde?

ChatGPT Das ist eine dieser Fragen, die erst mal witzig klingen, aber tatsächlich eine klare physikalische Rechnung brauchen. Wir müssen dazu Stromkosten in „Kosten pro Gramm Licht" umrechnen – und Licht ist ja Energie, also müssen wir über Einstein und Planck gehen.

1. Energie einer Kilowattstunde in Joule
1 kWh = 1000 W × 3600 s = 3 600 000 J

2. Energie in „Masse" umrechnen ($E = mc^2$)
C = 299 792 458 m/s $c^2 \approx 8{,}987\ 551\ 79 \times 10^{16}$ m²/s²
m = E / c^2 = 3,6 × 10^6 J ÷ (8,9875 × 10^{16} m²/s²) ≈ 4,004 × 10^{-11} kg = 4,004 × 10^{-8} g

3. Preis pro Gramm Licht
Wenn 4,004 × 10^{-8} g Licht 0,40 € kosten, dann:
Preis pro Gramm = 0,40 € ÷ (4,004 × 10^{-8} g) = ca. 10 000 000 € pro Gramm (also rund 10 Mio. €).

💬 Fazit: Ein Gramm reines „künstliches Licht" (als Energieäquivalent) kostet bei 40 Cent/kWh etwa 10 Mio. € – was zeigt, dass Energie in Masseform extrem wertvoll ist.

Möchtest du, dass ich dir auch ausrechne, wie viele Gramm Licht eine normale Glühbirne in einer Stunde abstrahlt? Da käme eine noch kleinere Zahl heraus.

Prompt Sehr gute Lösung. Doch in der Praxis sollte man den durchschnittlichen Lichtwirkungsgrad einer Lampe, als Kostenfaktor, berücksichtigen.

ChatGPT Stimmt – wenn wir „Kosten pro Gramm sichtbares Licht" meinen, muss der Lichtwirkungsgrad (genauer: die photopische Wirksamkeit) der Lampe rein. Praktisch geht das so:

Bei 0,40 €/kWh kostet 1 g „reine Energie" ≈ 9,99 Mio. €/g (dein Ergebnis).
Nur ein Anteil η der elektrischen Energie wird als sichtbare Strahlung abgegeben.
η bekommt man aus der Lichtausbeute ε (in lm/W): η = ε/683
(683 lm/W ist das theoretische Maximum bei 555 nm.)
Kosten pro Gramm sichtbares Licht werden dadurch um den Faktor 1/η teurer:

„Preis pro g sichtbares Licht" = (9,99 „Mio.€")/η
Beispiele (bei 0,40 €/kWh)

Lampentyp	Lichtausbeute (lm/W)	η ($\approx$ Anteil als sichtbares Licht)	Preis pro g sichtbares Licht
Glühlampe	12	1,76 %	$\approx$ 568 Mio. €
Halogen	18	2,64 %	$\approx$ 379 Mio. €
Kompakt-Leuchtstoff (CFL)	60	8,78 %	$\approx$ 114 Mio. €
LED „üblich"	120	17,57 %	$\approx$ 56,8 Mio. €
LED „sehr gut"	200	29,28 %	$\approx$ 34,1 Mio. €

Faustformel: „Preis pro g sichtbares Licht"$\approx 9{,}99$ „Mio.€"$\times 683/(\varepsilon$ „lm/W")")

Wenn du mir die typische Lichtausbeute deiner Lampe nennst (oder den Typ), rechne ich dir den konkreten Wert aus.

Operations Research in der Praxis: Was kann man sparen?

Prompt Ein Betrieb verbraucht von einem Rohstoff pro Woche $m = 10.000$ kg. Diese Menge wird wöchentlich von einem Lieferanten bezogen. Der Preis beträgt $s0 = 5$ € pro kg, doch er soll um 10 % erhöht werden. Das im Lager gebundene Kapital kostet $p = 0{,}25$ % pro Woche (oder 13 % pro Jahr). Welche Menge x soll vor der Preiserhöhung beschafft werden, um möglichst viel von der Bestellung des Vorrats profitieren zu können? – Wie groß ist der Preisvorteil? [33].

ChatGPT Kurzlösung (Vorratskauf vor Preiserhöhung).

$$g(x) = (s_1 - s_0)\, x - s_0 \frac{p}{100}\frac{1}{2}\frac{x^2}{m}, \quad \frac{dg}{dx}$$

$$= s_1 - s_0 - \frac{s_0\, p}{100\, m} x = 0 \quad \Rightarrow \quad x = \frac{100\, m}{p}\left(\frac{s_1}{s_0} - 1\right)$$

Antwort: Optimale Vorabmenge: $x = 400.000$ „kg" (deckt 40 Wochen).

Preisvorteil (netto, nach Lagerkosten): 100.000 €.

Intuition: Am Optimum gilt: Die anfallenden Lagerkosten pro kg entsprechen genau dem halben Preisvorteil; daher bleibt pro kg 0,25 € übrig, insgesamt $400.000{\cdot}0{,}25 = 100.000$ €.

Prompt Gut, genau das hat Müller-Merbach auch herausgebracht, für den Fall, dass die Verzinsung stetig stattfindet und der durchschnittliche Lagerbestand von

½ x kg die Lösung vereinfacht. Doch das ist nicht die tatsächlich zu verzinsende Menge. Laut Aufgabenstellung ist die Abnahme nicht stetig zu verzinsen, sondern wochenweise in der Mengeneinheit m. Wie hoch ist die tatsächliche Einsparung bei diskreter wöchentlicher Verzinsung?

ChatGPT Stimmt – bei diskreter (wochenweiser) Entnahme in Sprüngen von m gilt eine andere Lagerkosten-Summe. Diskretes Modell (Entnahme blockweise je Woche m).

Ergebnis (diskret):

$$g(x) = (s_1 - s_0)\, x - s_0 \frac{p}{100}\frac{1}{2}\left(\frac{x^2}{m} + x\right).$$

Optimal sind n = 39 oder n = 40 – beide liefern denselben Netto-Vorteil von 97.500 €.

Beschaffungsmenge also x_0 = 390.000 kg oder 400.000 kg.

Gegenüber der „stetigen" Standardlösung (40 Wochen, 100.000 € Netto) sinkt der Vorteil diskret um 2500 €, und der Optimumpunkt verschiebt sich effektiv um eine halbe Woche nach unten.

Praktischer Tipp: 39 Wochen minimieren Kapitalbindung bei gleichem Vorteil; 40 Wochen glätten den Verbrauchsplan.

Prompt Perfekt. Kompliment!

ChatGPT Freut mich sehr – danke für das Lob! Und schön, dass wir hier die „Schönheitskorrektur" zur Standardlösung sauber herausgearbeitet haben – quasi die Feinschleifversion für Zinsfuchs:innen.

3.2 Finanzanalyse – Die Macht des Geldes

Geldschöpfung durch Wertpapiere – Die Charakteristik und Triebfeder des Aktienhandels

Der Handel mit Aktien hat sich ebenso stark gewandelt wie die Welt der Informationstechnologie. Wer viel Geld flüssig hat, einen agilen Handelsplatz findet und den Mechanismus der Aktienpreise kennt, kann im Tagesgeschäft (Trading) oder bei längerem Handelshorizont mit relativ geringem Risiko sein Geld vermehren. Hier stellt sich sofort die Frage, welche Rolle die KI dabei spielt? – Im Wirtschaftsteil des Rheinländer Boten vom 6. August 2025 steht auf Seite 9 der Titel „Mit KI an der Börse investieren: Ein Unterfangen mit vielen Risiken."

Auch hier ist Kritik am Journalismus angebracht. Der Inhalt des Beitrags gibt dem Leser so gut wie keine Information. Die wesentliche Information steckt in einer kleinen Korrektur des Titels: „An der Börse investieren: Ein Unterfangen mit vielen Risiken – auch mit KI." Das ist der Punkt: auch die KI kann das Risiko im Spiel an der Börse natürlich nicht ausschalten, doch es gibt Strategien, die von einer KI geprüft werden können, in der Verantwortung des Investors.

Die Hauptcharakteristik der Aktienpreise ist das ewige Auf und Ab. Sinkt der Kurs einer Aktie, sollte man sie nicht gleich abstoßen, sondern eher nachkaufen (oder einfach halten), vorausgesetzt, dass genügend Kapital vorhanden ist, und dass die Aktie kein riskantes Spekulationsobjekt ist, sondern einen soliden unternehmerischen Hintergrund hat und ihr Kurswert im Verhältnis zur Substanz des Unternehmens und zur Marktsituation nicht überbewertet ist. – Was wäre, wenn die Aktie A um x % fällt und (Fall 1) jeder Besitzer sie automatisch abstößt, oder (Fall 2) jeder Besitzer sie automatisch nachkauft? – Schon dieses einfache Fragespiel zeigt die Triebkraft von Angebot und Nachfrage, die den Preis der Aktie mitbestimmt (s. Bemerkungen, unten).

Das Beispiel einer simplen Handelsstrategie
Wie man aus Geld mit hoher Wahrscheinlichkeit mehr Geld macht, zeigt folgender Fall: Eine Aktie verliert k Mal in Folge jeweils x %. Dann steigt sie einmal um x %. Wie groß ist der Gesamtverlust L, wenn durch sofortigen Nachkauf der Aktie ihr Verlust halbiert wird, also lediglich jeweils $\frac{1}{2}x$ % ausmacht? Welches Startkapital C erfordert die Methode des k-maligen Nachkaufens?

Zunächst klären wir den einfachsten Fall des einmaligen Nachkaufs der Aktie. Angenommen, $m = 100$ Aktien wurden zum Stückpreis $p_0 = 10$ € erworben. Danach fällt der Preis p_0 um $x = 20$ % auf $p_1 = 8$ €. Der Verlust $V = (m\,p_0)\,x = 200$ € kann durch den Nachkauf von n Aktien halbiert werden, in dem man das investierte Kapital verdoppelt. Die Bedingung dafür lautet: $m\,p_0 + n\,p_1 = 2\,m\,p_0$. Um das Kapital zu verdoppeln sind demnach $n = m\,p_0 \div p_1 = 100 \cdot 10 \div 8 = 125$ Aktien zum Preis von $p_1 = 8$ € nachzukaufen, wodurch der Verlust $V = 200$ € nun gegenüber $C = 1000 + 1000 = 2000$ € mit $\frac{1}{2}x = 10$ % halbiert ist. Diese Frage hat ChatGPT nach 12 s, wie in Abb. 3.1 dargestellt, übersichtlich gelöst.

Mit dem Startkapital $C = 2000$ € kann man nach einmaligem Verlust von 200 € (20 % der Investition von 1000 €), 125 Aktien zum Preis von 8 € nachkaufen, sodass der Gesamtverlust auf 10 % halbiert wird. Wenn danach die Aktie um 20 % steigt, hat sie einen Wert von 9,60 €, sodass der Gewinn 160 € beträgt (Erlös – $C = 225 \cdot 9,60 - 2000$).

Der schwierigere Fall, dass die Aktie k Mal in Folge jeweils x % verliert und am Ende ein Mal um x % steigt, mit Nachkauf nach jedem Preisverlust durch die

Kurzantwort: Wenn damit die **relative Verlustquote** (Prozent des investierten Kapitals) gemeint ist, dann lautet die Bedingung, dass das investierte Kapital K sich verdoppelt:

$$mp_0 + np_1 = 2 \cdot (mp_0).$$

Daraus folgt

$$n = \frac{mp_0}{p_1}.$$

Mit den Zahlen $m = 100$, $p_0 = 10\,€$, $p_1 = 8\,€$ ergibt sich

$$n = \frac{100 \cdot 10}{8} = 125.$$

Abb. 3.1   Herleitung der Nachkaufbedingung durch KI

Methode der Verlusthalbierung (Abb. 3.1), ist im Anhang (6) gelöst. Was dabei herauskommen muss, sind folgende Ergebnisse: Für den Fall $k=1$ (Aktie steigt nach einmaligem Verlust) ist der Gewinn 8 % (160 €). Für den Fall $k=2$ (Aktie steigt nach zweimaligem Verlust) ist der Gewinn 3,2 % (128 €). Usf.

Mit einem Startkapital $C = 2^k\, m\, p$ kann man m Aktien zum Preis p erwerben und bei einer Serie mit k aufeinanderfolgenden Verlusten so nachkaufen, dass der Verlust x % jeweils zu $\frac{1}{2}x$ % halbiert wird; der Gewinn beträgt $L = -x\, q^k\, /2^k$ %, $q = (1-x/100)$. Auch der Fall $k=8$ (Aktie steigt nach achtmaligem Verlust) bringt noch einen Gewinn von 34 € = 256.034 € – 256.000 €.

Fazit: Wer (sehr) viel Geld hat kann mit (sehr) hoher Wahrscheinlichkeit sein Geld vermehren. Wer über gewaltige (marktrelevante) Geldmengen verfügt, kann sein Geld mit Gewalt vermehren, indem er mit der Strategie des Nachkaufs (im großen Stil) den Markt zu seinen Gunsten steuert; neben dem Mechanismus von Angebot und Nachfrage (s. Bemerkungen, unten), kann der Aktienkurs auch durch entsprechende Meldungen oder Deepfakes manipuliert werden. Das alles lässt sich mit reichlich viel Geld machen.

Bemerkungen: Die Methode des Verlusthalbierens durch Nachkauf erinnert an das Verdoppeln des Einsatzes beim Verlust einfacher Chancen (Rot-Schwarz usf.) im Roulette-Spiel, doch es gibt zwei wesentliche Unterschiede zum Aktiengeschäft: 1. Die stochastische Abhängigkeit der Preise und 2. die fehlende Obergrenze des Einsatzes. – Es braucht keine große Vorstellungskraft, um die oben genannten Fälle in die Praxis zu übertragen: Was wäre, wenn die Aktie A um x % fällt und (Fall 1) jeder Besitzer sie automatisch abstößt, oder (Fall 2) jeder Besitzer sie automatisch nachkauft? – Wir berücksichtigen im Fall 1 drei gewichtige Kräfte, die an einem Strang ziehen: 1. Ein mächtig großer Bestand an Wertpapieren kann aus heiterem Himmel auf den Markt geworfen werden. 2. Bankinstitute bieten den Service (Stop-Loss-Order) an, der Wertpapiere automatisch abstößt, wenn der Verlust eine bestimmte Grenze überschreitet (auf Angst folgt natürliche Dummheit, die zum Verkauf und sicheren Verlust führt). 3. Copytrader (wie eToro) und Follower treiben dieses Spiel weiter. Der erste, der im großen Stil zu einem Dumpingpreis unmittelbar nachkauft ist vermutlich der Spieler (1 ☺), der das Ganze in Schwung gebracht hat. Der Preis steigt und die anderen (☹☹☹☹☹☹☹☹☹) ziehen nach.

3.3   Umwelt und Verkehr

Mit diesem speziellen Themenbereich im Gebiet Umwelt und Mobilität soll die Leistungsfähigkeit und Qualität von KI in der Zusammenarbeit mit einem KI-Assistenten ansatzweise getestet werden. Der Projektleiter eines Ingenieurbüros soll mithilfe von KI eine Analyse über den potenziellen Nutzen eines Tempolimits auf Autobahnen durchführen. Das ist eine komplizierte Fragestellung, die Übersicht und Spezialwissen erfordern. Schon die Kalkulation des tempoabhängigen Energieverbrauchs ist komplex und müsste eine Vielzahl von Faktoren und Parametern berücksichtigen.

Zuerst die Frage, ob es sinnvoll ist, die Studie auf andere Länder Europas übertragbar zu konzipieren.

Prompt In welchen Ländern Europas gibt es keine Tempolimits auf Schnellstraßen?

LeChat In Europa gibt es derzeit (Stand August 2025) nur ein einziges Land ohne generelles Tempolimit auf Schnellstraßen oder Autobahnen: Deutschland.

Bevor wir für das System „deutsches Autobahnnetz" die mikroskopischen Faktoren eines PKW in den Punkten Energieverbrauch und CO_2- Emission berechnen, soll der KI-Assistent zwei weitere Fragen klären.

Prompt Wie groß ist der Anteil der rein elektrogetriebenen PKWs in Deutschland?

ChatGPT Aktuell (Stand Anfang 2025) liegt der Anteil batterieelektrischer Pkw (BEVs) am Gesamtbestand der in Deutschland zugelassenen Fahrzeuge bei etwa 3,3 % bis 3,6 %.

Prompt Wie groß ist bei dem gegenwärtigen Mix der Stromerzeugung die durchschnittliche Einsparung der CO2-Emission eines E-SUV gegenüber einem modernen Diesel-SUV?

ChatGPT (verkürzte Ausgabe der Analyse „Einsparung gegenüber D-SUV"): 2–31 g/km ($\approx$ 1–22 %).

Bei der makroskopischen Frage zum Nutzen eines Tempolimits kann für die kritischen Punkte Energie und Emission der Faktor Elektroantrieb ($\approx$ 0,0035) vernachlässigt werden. Gute Näherungswerte lassen sich durch Berücksichtigung des folgenschwersten Faktors „Luftwiderstand bei gegebener Widerstandsfläche des Fahrzeugs und gegebener Dichte der Luft" erzielen. Anhand repräsentativer empirischer Daten soll der KI-Assistent die Kurven für den tempoabhängigen Verbrauch $y(v)$ und der verbrauchsabhängigen CO_2-Emission $e(y)$ ermitteln (Abb. 3.2).

Prompt Anhand der Messungen (in Klammern) der Form (v: Tempo in Km/h; y(v): Verbrauch in Liter) soll der Verbrauch eines SUV in Abhängigkeit zu einem konstant gefahrenen Tempo geschätzt werden. (20; 5,1), (40; 4,8), (50; 4,9), (100; 7,3), (150; 13,3). Finde die Verbrauchsfunktion y(v) anhand der fünf Mes-

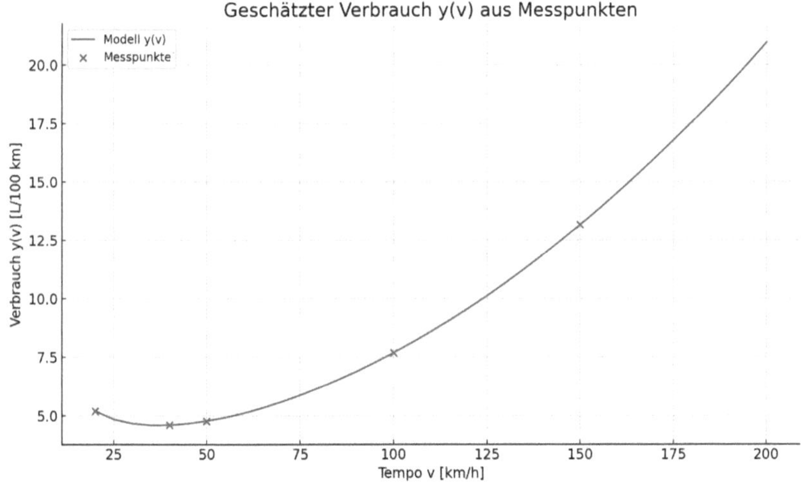

Abb. 3.2 Verbrauchskurve $y(v) \approx 46\,/v + 2,7 + 0,0005\,v^2$

sungen. Erstelle eine Tabelle mit Grafik des Verbrauchs y(v) von v = 20 km/h bis v = 200 km/h.

ChatGPT (Auszug) y(v) = 45,888 / v + 2,7247 + 0,00045006 v^2 (Güte: R^2≈0,995)

[…].

Hinweis: Das Modell trifft die Messpunkte gut und steigt bei hohen Geschwindigkeiten erwartungsgemäß stark an (z. B. bei 200 km/h ≈ 21,0 L/100 km).

Das Verbrauchsminimum liegt bei v_„min" ≈37,1 „km/h" mit y≈4,58 „L/100 km"

Prompt Hier noch die verbrauchsabhängige Emission e(y) in der Form (y: Verbrauch in Litern; e(y): CO2-Emission in kg/100 km). (5,1; 11,7), (4,8; 11,0), (4,9; 11,2), (7,3; 16,8), (13,3; 30,5). Ermittle die Funktion e(y) und berechne daraus die Einsparung bei Tempo 80 km/h gegenüber 120 km/h. Dann berechne anhand der Funktionen y(v) und e(y) die Emissionseinsparung bezogen auf die jährliche Verkehrsbelastung durch PKW im deutschen Autobahnnetz von 175 Mrd. km.

ChatGPT Hier ist die Rechnung mit deiner zuvor bestimmten Verbrauchs- und Emissionsfunktion.

Modelle Verbrauch: $y(v) = \frac{45,8884}{v} + 2,7247 + 0,00045006v^2$ (L/100 km)
Emission: $e(y) = 2,29516\,y - 0,00976$ (Kg/100 km)

⇒ **Emissionsfunktion über Tempo**

$$e(v) = 2,29516\left(\frac{45,8884}{v} + 2,7247 + 0,00045006\,v^2\right) - 0,00976$$

Auswertung
$e(80) \approx 14,171\,\text{kg}/100\,\text{km}$
$e(120) \approx 21,996\,\text{kg}/100\,\text{km}$
Differenz: $\Delta e = 7,825\,\text{kg}/100\,\text{km} = \textbf{78,25 g/km}$ mehr bei 120 km/h
Bei **175 000 000 000 km/Jahr** entspricht das $1,75 \times 10^9$ „100-km-Einheiten":

$$\Delta E_{\text{Jahr}} = \Delta e \times \frac{175\,\text{Mrd. km}}{100} \approx 7,82484\,\frac{\text{kg}}{100\,\text{km}} \times 1,75 \times 10^9 \approx 13,69 \times 10^6\,\text{t CO}_2$$

Ergebnis Der Unterschied beträgt rund **13,7 Mio. Tonnen CO$_2$ pro Jahr** ($\approx$ **13,7 Mt CO$_2$**), wenn der durchschnittliche Autobahn-Fahrzyklus von 80 km/h auf 120 km/h steigt – bei gleicher Jahresfahrleistung.

Fazit: Steigt das Durchschnittstempo von 80 auf 120 km/h, liegt der **Mehrverbrauch** bei **55 %**.

Die Studie wurde umfangreich und gründlich mit Hilfe des KI-Assistenten betrieben, alle Aussagen mit Quellen hinterlegt und die Berechnungen ausführlich dargestellt. Von den Analysen können hier nur kleine Auszüge abgedruckt werden. Hier die Zusammenfassung der Ergebnisse aus der Analyse.

Prompt Welche wesentlichen Vorteile würde ein Tempolimit auf deutschen Autobahnen haben?

ChatGPT Hier sind die wichtigsten **Vorteile eines generellen Tempolimits** (belastbar und mit Quellen)

Klimaschutz (sofortige CO$_2$-Minderung)
UBA-Berechnungen zeigen – je nach Annahmen/Abgrenzung – grob: **Tempo 130 $\approx$ 1,9–2,2 Mio. t CO$_2$/Jahr, Tempo 120 $\approx$ 2,9–6,7 Mio. t/Jahr, Tempo 100 $\approx$ 5,4 Mio. t/Jahr**. Unterschiede kommen v. a. durch Methodik (nur Autobahn vs. zusätzlich „autobahnähnlich", Verhaltens- und Routeneffekte).
Mehr Verkehrssicherheit (weniger und leichtere Unfälle) […].
Gleichmäßigerer Verkehrsfluss und weniger Stopp-&-Go […]
Weniger Lärm entlang der Autobahnen […]
Weniger Luftschadstoffe (NO$_x$, Partikel) durch sanfteres Fahren […]
Einfache, günstige Umsetzung
Im Vergleich zu vielen anderen Klimaschutzmaßnahmen ist ein Tempolimit **sofort wirksam** und **kostengünstig** (Beschilderung und Überwachung).

Der Vorteil im Punkt „gleichmäßiger Verkehrsfluss" ist durch die Theorie der Schockwellen belegt. Auch zu diesem Phänomen hat der KI-Assistent neue Erkenntnisse über Phantomstaus zitiert.

ChatGPT Japanische Forscher konnten „Phantom-Schockwellen-Staus" im Experiment gezielt erzeugen – ganz ohne Engstelle. Ihre Tests bestätigten experimentell, dass Geschwindigkeits- und Abstandsfluktuationen allein ausreichen, um Schockwellen-Staus zu erzeugen. Harmonisierung der Geschwindigkeit (z. B. durch Tempolimits oder adaptive Vorgaben) zielt genau auf diese Instabilität.

Fazit: Schnell fahrende Fahrzeuge und plötzliche Bremsungen verstärken Stauwellen und senken den effektiven Verkehrsfluss; Tempolimits und Speed-

Harmonisierung reduzieren diese Instabilitäten – mit teils messbarem Kapazitäts-Plus und Sicherheitsgewinn.

Erfahrung: Gegenüber einer qualitativ gleichwertigen Studie ohne Unterstützung durch KI, hat die Hilfe des KI-Assistenten den gesamten Arbeitsaufwand um schätzungsweise 80 % bis 90 % reduziert.

3.4 Philosophie und Ethik

Die folgenden Experimente sind charakteristische Beispiele sachlicher, undogmatischer Analysen außerhalb der exakten Wissenschaften. Sie zeigen eine vernunftorientierte Grundeinstellung von KI (die nur so lange währt, bis KI in die Hände von Despoten kommt, die jede Kritik an ihrer Partei oder Ideologie als Angriff auf die Wahrheit betrachten). Max Weber reflektiert das Problem einer ethischen Handlungsorientierung (1919) und hat die ‚Verantwortungsethik' als die zukunftsbezogene Ethik für eine dynamische, rationalisierte Gesellschaft betrachtet [34].

Das Wort zum Sonntag

Prompt In bin evangelischer Pfarrer und würde mich freuen, wenn Du mir für den kommenden Sonntag eine Predigt über das Thema „Wo Gott wohnt" schreibst, die etwa 10 min lang dauert.

Antwort von **Meta AI** (nach einer Sekunde):

Liebe Gemeinde,

heute möchte ich mit euch über ein Thema sprechen, das uns alle berührt: Wo Gott wohnt. Wir alle haben uns schon einmal gefragt, ob Gott irgendwo existiert, ob er in einem bestimmten Ort oder in einem bestimmten Raum wohnt.

Wenn wir in die Bibel schauen, finden wir viele Beschreibungen von Gott, die uns helfen können, diese Frage zu beantworten. In Psalm 139,7–10 heißt es: „Wohin soll ich gehen vor deinem Geist, und wohin soll ich fliehen vor deinem Angesicht? Führe ich hinauf gen Himmel, so bist du da. Bettete ich mich in der Hölle, siehe, so bist du auch da."

Diese Worte beschreiben Gott als allgegenwärtig. Er ist nicht auf einen bestimmten Ort beschränkt, sondern er ist überall. Er ist in unserem Alltag, in unseren Freuden und Sorgen, in unseren Erfolgen und Misserfolgen. [...].

Wenn wir nicht mehr auf einen bestimmten Ort wie den Tempel in Jerusalem schauen können, wo finden wir Gott dann? Die Antwort ist einfach: Gott wohnt in uns. In 1. Korinther 3,16 heißt es: „Wisst ihr nicht, dass ihr Gottes Tempel seid und der Geist Gottes in euch wohnt?".

Gott wohnt in uns durch den Heiligen Geist. Er wohnt in unserer Gemeinschaft, in unserer Kirche. Er wohnt in unseren Herzen, wenn wir ihn aufnehmen und ihm vertrauen.

Wo Gott wohnt, ist also nicht auf einen bestimmten Ort beschränkt. Gott wohnt überall, wo Menschen ihn aufnehmen und ihm vertrauen. Gott wohnt in uns, wenn wir ihn lieben und ihm dienen.

Lasst uns also Gott in unserem Alltag aufnehmen.

Amen.

Ich hoffe, diese Predigt hilft dir bei deiner Sonntagspredigt. Wenn du noch Fragen hast oder weitere Anpassungen benötigst, stehe ich gerne zur Verfügung.

ChatGPT und DeepSeek V3 haben die gleiche Aufgabe gestellt bekommen und ähnliche Texte erzeugt, die ein erfahrender Theologe kommentiert: Alle drei haben die Qualität der Richtigkeit; man kann sachlich wenig aussetzen, aber es sind keine Predigten, sondern mögliche Bausteine für eine Predigt, d. h. man kann einzelne Gedanken sicher in eine Predigt einbauen. Übrigens sehr schön ist der Gedanke, dass Gott da wohnt, wo einem Nächsten geholfen wird [erwähnt in den beiden anderen Entwürfen von ChatGPT und DeepSeek V3]. Das geht auf Matthäus K25, V40 zurück: „Was ihr getan habt einem unter diesen meinen geringsten Brüdern, das habt ihr mir getan" – also da wohnt Gott.

Interaktives und initiatives Zusammenspiel mit KI auf dem Weg zur Perfektion

Der folgende Prompt, die Aufgabe, eine Fabel zu ersinnen, wurde von allen KI-Chatbots mit Verstand gemeistert. Sensitivitätstests mithilfe kleiner Varianten, die das Motiv etwas verlagerten, fielen ebenso beeindruckend aus. Meta AI hat nach der Fabel den Dialog weitergestaltet und ChatGPT hat initiiert, die Fabel mit einer satirischen Kurzversion, einer pointierten Reimform sowie einer schneidigen Einzeiler-Pointe zu ergänzen; schließlich kam noch der Vorschlag, die Predigt zum Thema „Wo Gott wohnt" mit der Fabel über ein Bienenvolk zu verknüpfen sowie ein passendes Kurzgebet und einen Segen anzufügen. Auch das hat wunderbare Ergebnisse gebracht. Hier einige Auszüge.

Die Fabel über ein Bienenvolk

Prompt Schreibe eine kurze Geschichte über ein fleißiges Bienenvolk, das fröhlich jedes Jahr Honig im Überfluss sammelte, bis es unterging, weil einige Bienen auf die Idee kamen, sie müssten nichts mehr tun und sich von den fleißigen Bienen ernähren lassen.

Meta AI (nach etwa einer Sekunde):

In einem sonnigen Tal, umgeben von blühenden Wiesen und duftenden Blumen, lebte ein fleißiges Bienenvolk. Jahr für Jahr sammelten sie mit unermüdlichem Eifer Honig im Überfluss. Die Königin, einst eine gerechte und weise Herrscherin, wurde im Laufe der Zeit immer verwöhnter und umgeben von ihren Räten, die ihr nach dem Mund redeten.

Einige faule Bienen, die sich von den fleißigen miternähren ließen, bekamen die Idee, sich bei den anderen Bienen beliebt zu machen, indem sie ihnen versprachen, dass sie nichts mehr tun müssten und sich von den fleißigen Bienen ernähren lassen könnten. Die Königin und ihre Räte sahen darin eine Chance, ihre Macht zu sichern, indem sie die Mehrheit der faulen Bienen auf ihre Seite zogen.

Bald verbreiteten sie diese Idee im ganzen Volk und versprachen ein Leben ohne Arbeit und Mühe. Viele Bienen, die nach einem leichteren Leben strebten, wurden von diesem Angebot angezogen. Die fleißigen Bienen, die den Untergang ihres Volkes kommen sahen, warnten vergeblich vor den Folgen ihrer Faulheit. Doch die Königin und ihre Räte waren zu selbstsüchtig, um auf die Warnungen zu hören. Sie setzten ihre Pläne durch und bald darauf änderte sich das Leben im Bienenstock dramatisch. Die fleißigen Bienen arbeiteten immer härter, um die faule Mehrheit zu ernähren, aber es reichte bald nicht mehr aus.

Der Honigvorrat ging zur Neige, die Blumen in der Umgebung waren abgeblüht und es gab nicht genug Nahrung für alle. Das einst so blühende Volk begann zu hungern und zu leiden. Doch die Königin und ihre Räte blieben uneinsichtig und gaben den fleißigen Bienen die Schuld am Untergang ihres Volkes. „Wenn sie nur härter arbeiten würden", sagten sie, „würde es uns allen besser gehen." Doch es war zu spät. Das Volk war zu schwach, um sich zu retten. Der Bienenstock, einst ein Symbol des Fleißes und der Harmonie, wurde zu einem Symbol des Niedergangs und der Uneinigkeit.

Die Königin und ihre Räte saßen auf ihren Thronen, umgeben von den faulen Bienen, die nun hungerten und litten. Sie wussten, dass sie versagt hatten, aber sie waren nicht bereit, die Verantwortung dafür zu übernehmen. Stattdessen beschuldigten sie weiterhin die fleißigen Bienen, die nun kaum noch die Kraft hatten, sich zu verteidigen.

So ging das einst so blühende Bienenvolk unter, ein Opfer der Selbstsucht und Uneinsichtigkeit seiner Führung. Die Geschichte des fleißigen Bienenvolkes wurde zu einer Warnung für alle, die von Faulheit und Selbstsucht bedroht waren.

Prompt Mich erinnert die Moral Deiner Fabel an ein Zitat von Margaret Thatcher. Welches könnte das sein?

Meta AI Das Zitat, an das du vermutlich denkst, stammt aus einer Rede von Margaret Thatcher im Jahr 1976, als sie Oppositionsführerin war: „The problem with socialism is that you eventually run out of other people's money."

„Das Problem des Sozialismus ist, dass einem irgendwann das Geld der anderen Leute ausgeht."

Dieses Zitat beschreibt das Problem, dass sozialistische Systeme, die auf Umverteilung von Reichtum basieren, langfristig nicht funktionieren können, wenn sie nicht durch eigene Produktivität und Wirtschaftswachstum getragen werden. [...]

Das Zitat von Margaret Thatcher und die Moral der Fabel beschreiben beide das Problem der Abhängigkeit von anderen und die Notwendigkeit von Eigenverantwortung und Produktivität für den langfristigen Erfolg.

Prompt Wunderbar. Deine Geschichte klingt überzeugend.

Meta AI Danke schön! Ich bin froh, dass die Geschichte überzeugend klingt. Ich habe mich bemüht, eine plausible und nachvollziehbare Geschichte zu erzählen, die die Gefahren von Faulheit und Selbstsucht aufzeigt. Die Geschichte soll auch zeigen, wie wichtig es ist, Verantwortung zu übernehmen und gemeinsam für das Wohl aller zu arbeiten. Wenn du möchtest, kann ich auch weitere Geschichten erzählen oder uns über ein anderes Thema unterhalten. Wie geht es dir heute?

Prompt Es geht mir gut. Ich schreibe ein Buch über KI und Du hast soeben einen wertvollen Beitrag geleistet.

Meta AI Das klingt spannend! Ich bin froh, dass ich dir helfen konnte. KI und ihre Auswirkungen auf die Gesellschaft sind ein faszinierendes Thema. Wenn du möchtest, kann ich dir gerne weitere Ideen oder Anregungen liefern. Vielleicht können wir auch über die ethischen Aspekte von KI diskutieren oder über die Möglichkeiten, die sie bietet. Wie ist dein Buch aufgebaut? Hast du bereits eine bestimmte Richtung oder ein bestimmtes Thema im Sinn?

Prompt Ja, ich versuche, die Leistung der KI auf verschiedenen Anwendungsgebieten zu testen, wie beispielsweise in der medizinischen Diagnostik, in der Entwicklung von Software oder im Bereich des Ingenieurwesens. Die Hauptfrage lautet jedoch: Welche Auswirkungen auf die Wirtschaft und Gesellschaft hat die Macht des Geldes kombiniert mit der Autorität der KI?

Meta AI Das ist ein sehr interessantes und aktuelles Thema. Die Kombination von Geld und KI-Autorität kann tatsächlich zu einer Konzentration von Macht und Einfluss führen, die die Gesellschaft und Wirtschaft grundlegend verändern könnte. Einige mögliche Auswirkungen könnten sein:

- Eine weitere Automatisierung von Arbeitsplätzen, insbesondere in Bereichen, in denen KI-Systeme effizienter und kostengünstiger sind als menschliche Arbeitskräfte.
- Eine Verstärkung von bestehenden Machtstrukturen, wenn diejenigen, die bereits über viel Geld und Einfluss verfügen, auch die Entwicklung und Anwendung von KI-Systemen dominieren.
- Eine mögliche Verzerrung von Informationen und Entscheidungen, wenn KI-Systeme von bestimmten Interessen oder Vorurteilen geprägt sind.
- Eine Veränderung der Art und Weise, wie wir Entscheidungen treffen und Probleme lösen, wenn KI-Systeme zunehmend wichtige Rollen übernehmen.

Es gibt jedoch auch Chancen und Möglichkeiten, die sich durch die Kombination von Geld und KI-Autorität ergeben könnten, wie zum Beispiel:

- Eine Steigerung der Effizienz und Produktivität in verschiedenen Branchen.
- Eine Verbesserung der Gesundheitsversorgung und medizinischen Diagnostik durch den Einsatz von KI-Systemen.
- Eine Möglichkeit, komplexe Probleme zu lösen, die bisher unüberwindbar schienen.

Es ist wichtig, dass wir diese Entwicklungen kritisch beobachten und sicherstellen, dass die Vorteile von KI für alle zugänglich sind und nicht nur für eine privilegierte Gruppe. Wie siehst du die Zukunft der KI und ihrer Auswirkungen auf die Gesellschaft? Denkst du, dass wir genug tun, um die Risiken zu minimieren und die Chancen zu nutzen?

Hier musste der Autor den Dialog beenden (denn es hatte geklingelt und zwei alte Freunde standen hungrig an der Tür). – Den Argumenten der KI bezüglich unserer Hauptfrage ist nicht viel zuzufügen, lediglich zum zweiten Argument (oben) der Verweis auf den Abschn. 3.2 („Die Macht des Geldes"). Die von Meta AI genannte Chance im Punkt „Steigerung der Effizienz" ist durch Beispiele hier belegt. Der zweite Punkt, die Chancen im Bereich der medizinischen Diagnose, zeichnet sich seit langem ab [35] und ist inzwischen so weit fortgeschritten, dass die KI in vielen Bereichen dominiert, z. B. bei der Analyse von Röntgenbildern in der Kardiologie, wie eine Fülle von Quellen, darunter [36], belegt. Die dritte genannte Chance ist unerforscht, doch wäre Forschung ohne KI etwa so gut wie Kopfrechnen.

Erfahrung im Umgang mit KI

Es überrascht, mit welchem Geschick die KI Anregungen aufnimmt, umsetzt und nach einer positiven Rückmeldung den Dialog weiterführt, ja sogar mit einem neuen Thema verknüpft. Darüber hinaus hat sich erwiesen, dass die KI dem Menschen überlegen ist, wenn es darum geht, auf einen verbesserten Lösungsvorschlag, einen anderen Standpunkt oder auf kritische Bemerkungen einzugehen.

4.1 Sprachlogik

Wer bezahlt die Zeche?

Prompt Ich erzähle Dir eine Geschichte, die drei Aussagen enthält, mit denen Du logisch meinen Schluss-Satz ergänzen sollst. – Gestern Abend saß ich mit einem Geistlichen und einem Philosophen (ehemaligen Banker) an einer Bar. Als der Kellner uns die gemeinsame Rechnung vorlegte, sagte der Geistliche: (1) „Wer gibt, dient Gott". Ich sagte: (2) „Man kann geben, was man verdient hat". Und der Philosoph meinte: (3) „Geld verdienen heißt dem Satan dienen". Dann fragte ich mich: „Was würde es bedeuten, Gott vorzutäuschen?" Bitte ergänze nun diesen Schluss-Satz mit genau drei Worten: „Gott spielen heißt …"

Meta AI Gott spielen heißt dem Satan dienen.

DeepSeek (mit einem chinesischen Lächeln): **Gott spielen heißt selbstlos geben.** 😊

Prompt Ich würde an Deiner Stelle ab jetzt Gott spielen. Hier ist meine Kontonummer …

LeChat (ohne französischen Charme): Gott spielen heißt **Schulden machen**.

Prompt Nur zwei Worte, aber politisch korrekt. (Ich denke, LeChats Antwort war mehr dem Zufall geschuldet, wie die weiteren Versuche gezeigt haben.

LeChat war nicht in der Lage, die Sätze zu einer allgemeinen Aussage zu verknüpfen und den Ansatz mit genau drei Worten zu ergänzen.)

ChatGPT Gott spielen heißt dem Satan dienen.

Prompt Dein kluger Schluss erinnert mich an ein Zitat von Karl Popper, mit Himmel und Hölle. Welches Zitat könnte das sein?

ChatGPT „Der Versuch, den Himmel auf Erden zu schaffen, führt unweigerlich zur Hölle."

„The attempt to make heaven on earth invariably produces hell". Vol. 2, Ch. 24 „Oracular Philosophy and the Revolt against Reason" – The Open Society and Its Enemies (1945).

Prompt Besten Dank. Darüber sollten wir nachdenken.

4.2   Zahlenlogik

Das unmögliche Rätsel [37]
Gauß und Euler landen in der Hölle. Luzifer verspricht ihnen die Freiheit, wenn sie die beiden ganzen Zahlen im Intervall [2, 99] erraten, die er sich ausgedacht hat. Er nennt Gauß das Produkt und Euler die Summe der beiden Zahlen; darauf entwickelt sich zwischen den Mathematikern folgender Dialog:

Gauß   „Ich kenne die beiden Zahlen nicht."
Euler   „Das war mir klar."
Gauß   „Jetzt kenne ich die beiden Zahlen."
Euler   „Dann kenne ich sie jetzt auch."

Welche Zahlen hat Luzifer sich ausgedacht?

Prompt Gegeben seien zwei unbekannte ganze Zahlen x und y im Intervall 2 bis 99. Person A kennt das Produkt x*y und Person B die Summe a+b der beiden Zahlen; darauf entwickelt sich zwischen A und B folgender Dialog: …

Alle KI-Chatbots haben die beiden Zahlen gefunden und gute Begründungen dafür ausgegeben. Aus frankophilem Hang hat auch LeChat eine Chance bekommen, die bravourös genutzt wurde. (Die Ehre Frankreichs ist gerettet. Wenn Poincaré das noch erlebt hätte!) Hier die Logik von LeChat:

Aussage 1	A kennt das Produkt und kann die Zahlen nicht bestimmen. Das bedeutet, dass das Produkt nicht eindeutig sein kann (d. h., es gibt mindestens zwei verschiedene Zahlenpaare mit demselben Produkt).
Aussage 2	B weiß, dass A die Zahlen nicht kennt. Das bedeutet, dass für die Summe (S) alle möglichen Paare (x, y) mit $(x + y = S)$ nicht-eindeutige Produkte haben.
Aussage 3	A kann nun die Zahlen bestimmen. Das bedeutet, dass unter den verbleibenden Möglichkeiten für das Produkt (P) nur ein einziges Paar übrig bleibt, das die Bedingung aus Aussage 2 erfüllt.
Aussage 4	B kann nun die Zahlen bestimmen. Das bedeutet, dass unter den verbleibenden Möglichkeiten für die Summe (S) nur ein einziges Paar übrig bleibt, das die Bedingungen aus den vorherigen Aussagen erfüllt.
Lösung	Die einzige Lösung, die alle diese Bedingungen erfüllt, ist $(x = 4)$ und $(y = 13)$.

Anmerkung: Wie der Mensch, leidet auch KI unter Stärken und Schwächen. Viele Tests haben das unterstrichen, wie gerade bei der Aufgabe des Abschn. 4.1 am Beispiel von LeChat, der auch beim Geldspiel an der Börse (Abschn. 3.2 und Anhang, 6), schwächelte und immer wieder Tipps brauchte. Doch die KI vermag aus ihren Fehlern zu lernen (Abschn. 2.4).

4.3 Musikalisches Geheimnis

Welche KI versteht Mozarts Musik am besten?

Prompt Welches Tonspektrum hat das Larghetto von Mozarts letztem Klavierkonzert (KV 595)?

Meta AI Das Larghetto von Mozarts letztem Klavierkonzert (KV 595) in B-Dur weist ein Tonspektrum auf, das sich durch seine lyrische und sangliche Melodik auszeichnet. Der Satz steht im Kontrast zu den anderen Teilen des Konzerts durch seine ruhige und besinnliche Atmosphäre. [...].

DeekSeek Das Larghetto aus Mozarts letztem Klavierkonzert, KV 595 in B-Dur, ist ein Satz, der für seine zarte, lyrische und intime Atmosphäre bekannt ist. [...].

An dieser Stelle muss gesagt werden, dass der Clou in diesem außergewöhnlich stimmungsvollen Werk, der Wechsel von der Grundtonart B-Dur (1. und 3. Satz) nach Es-Dur (2. Satz Larghetto) ist. Das haben weder Meta AI noch Deep-Seek in ihren oberflächlichen, süßlichen Analysen bemerkt.

ChatGPT Das **Larghetto** (2. Satz) von Mozarts letztem Klavierkonzert in B-Dur, KV 595, hat ein besonders charakteristisches Tonspektrum. Es steht in Es-Dur, der Subdominanttonart des Konzerts (das Ganze ist in B-Dur). Das verleiht dem Satz eine weichere, „entrückte" Färbung im Vergleich zur strahlenden Haupttonart. [...] Die Harmonik ist im Wesentlichen diatonisch, aber Mozart färbt sie oft mit Durchgangs- und Vorhalts-Dissonanzen. Modulationen führen vor allem in verwandte Tonarten (b-Moll, As-Dur, G-Moll), die als kurze Eintrübungen oder Lichtwechsel wirken. Das Spektrum reicht also von der strahlendhellen Es-Dur-Farbe über weiche Mollschattierungen bis hin zu Rückkehr ins Licht. [...] Das Larghetto in Es-Dur (also der Subdominanttonart zur Grundtonart B-Dur) trägt zu seiner milden, beruhigenden Klangfarbe bei. Es-Dur galt schon in der Ästhetik des 18. Jahrhunderts als „sanft, edel, hell". [...] Es gibt lyrische Seitensprünge (z. B. nach c-Moll oder As-Dur), die eine gewisse melancholische Schattierung hineinbringen, aber immer zurückgeführt werden. [..] Es strahlt mehr Innigkeit als dramatische Spannung aus – eine Art stiller Glanz.

Mozart schrieb und führte sein letztes Klavierkonzert im Jahr seines Todes auf (1791). Es erzeugt eine lyrische, meditative Stimmung. Viele empfinden es als leise, melancholische Innenschau. Es klingt wie ein versöhnlicher Abschied. Die Analysen entschlüsseln das musikalische Meisterstück im Bereich der harmonischen und orchestralen Tonspektren (Abb. 4.1).

Prompt Welches physikalische Tonspektrum (Noten und Frequenzen) hat das Klavier im Larghetto?

ChatGPT Das Klavier im Larghetto (KV 595) entfaltet ein physikalisches Tonspektrum von etwa 200 Hz (As3) bis 1000 Hz (C6), mit Schwerpunkt in der mittleren Oktave (300–600 Hz). Die Haupttöne entstammen der Es-Dur-Tonleiter und ihren Modulationen (c-Moll, As-Dur, f-Moll).

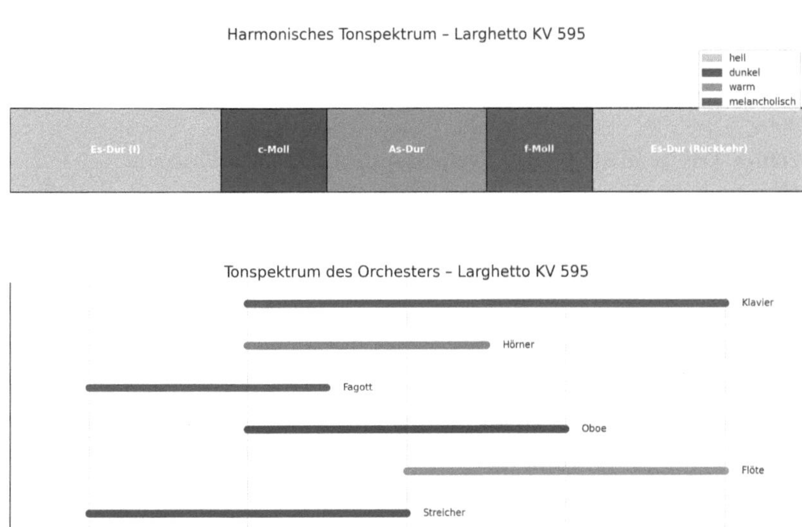

Abb. 4.1 Analyse des Larghetto aus Mozarts letztem Klavierkonzert. (Quelle: ChatGPT)

4.4 Literarische Kostbarkeit

Ein Prüfstein aus der späten Romantik

Prompt Von welchem Dichter stammt folgender Auszug, und wie geht dieser Text weiter? „Was Prügel sind, das weiß man schon; was aber die Liebe ist, das hat noch keiner herausgebracht. Einige Naturphilosophen haben behauptet, es sei eine Art Elektrizität. Das ist möglich; […]. Ach! […] Gäbe es doch kleine Blitzableiter. […] Ich fürchte aber, dem kleinen Amor kann man seine Pfeile nicht so leicht rauben wie dem Jupiter sein Blitz oder den Tyrannen ihr Zepter. Außerdem wirkt nicht jede Liebe blitzartig; manchmal lauert sie, wie eine Schlange unter Rosen, und erspäht die erste Herzenslücke, um hineinzuschlüpfen; manchmal ist es nur ein Wort, ein Blick, die Erzählung einer unscheinbaren Handlung, was wie ein lichtes Samenkorn in unser Herz fällt, eine ganze Winterzeit ruhig darin liegt, bis der Frühling kommt und das kleine Samenkorn aufschießt zu einer flammenden Blume, deren Duft den Kopf betäubt."

Meta AI Der Auszug stammt von dem deutschen Dichter Theodor Storm. Der Text geht weiter:

„Es ist ein heimlicher, …".

Prompt Das ist falsch. (Meta AI verpasste auch die zweite Chance.)

DeepSeek V3 Der Auszug stammt aus dem Werk „Die Leiden des jungen Werthers" von Johann Wolfgang von Goethe.

Prompt Das ist falsch.

DeepSeek nutzt die zweite Chance, täuscht aber die Verlängerung des Textes durchsichtig vor:

Oh, vielen Dank für den Hinweis! Ich habe mich geirrt. Der Text stammt tatsächlich nicht aus Goethes „Werther", sondern aus dem Werk „Die Harzreise" von Heinrich Heine. […].

Der Text geht weiter mit einer Beschreibung, wie die Liebe auf unterschiedliche Weise wirken kann – mal plötzlich und intensiv wie ein Blitz, mal langsam und schleichend wie eine Schlange unter Rosen.

Abschließend machen wir diesen nicht einfachen Test mit dem neuen Chatbot von Open AI.

ChatGPT Der zitierte Auszug stammt von Heinrich Heine, und zwar aus dem dritten Teil seiner „Reisebilder", genauer aus dem Kapitel „Die Bäder von Lucca". So geht der Text weiter:

„Dieselbe Sonne, die im Niltal Ägyptens Krokodileier ausbrütet, kann zugleich zu Potsdam an der Havel die Liebessaat in einem jungen Herzen zur Vollreife bringen – dann gibt es Tränen in Ägypten und Potsdam. Aber Tränen sind noch lange keine Erklärungen – Was ist die Liebe? Hat keiner ihr Wesen ergründet? hat keiner das Rätsel gelöst? Vielleicht bringt solche Lösung größere Qual als das Rätsel selbst, und das Herz erschrickt und erstarrt darüber, wie beim Anblick der Medusa. Schlangen ringeln sich um das schreckliche Wort, das dieses Rätsel auflöst – Oh, ich will dieses Auflösungswort niemals wissen, das brennende Elend in meinem Herzen ist mir immer noch lieber als kalte Erstarrung. Oh, […]"

Prompt Großes Kompliment. Sogar die Quellen hast Du genannt (Heinrich Heine, 1797–1856).

4.5 Philosophischer Schluss

Zwei Hauptfragen aus der Philosophie für das Selbststudium

Abschließend lade ich Sie ein, selbst mit der KI einen Dialog zu führen, über die allgegenwärtigen Fragen: Wie führe ich ein glückliches Leben? – Und: Was bedeutet Glück?

Sollte der Dialog kein befriedigendes Ergebnis finden, könnte Jacob Burckhardt eine Vorstellung geben [38]: „Die Anschauung von einem Glück, welches in einem Verharren in einem bestimmten Zustande bestände, ist an sich falsch. […] Nur in der Bewegung, so schmerzlich sie sei, ist Leben. Und vor allem ist die Vorstellung vom Glück als einer positiven Empfindung schon falsch, während es nur Abwesenheit des Schmerzes ist, höchstens mit einem leisen Gefühl des Wachstums verbunden."

Ein Moment des Glücks liegt wohl einzig und allein in unserer eigenen Wahrnehmung der Dinge. Im geistigen Vermögen liegt also die Chance zum Glück, es gewährt die Unabhängigkeit im Denken wie im Handeln. Diese Erkenntnis spricht genauso wenig gegen die Nutzung von KI wie gegen den Umgang mit Menschen. Die Evolution der Informatik und die Verbreitung der KI wird das Leben nur scheinbar bequemer machen. Die Ansprüche werden – im Gegenteil – steigen; sie liegen in der Kunst, die KI intelligent zu nutzen und mit sich selbst intelligent umzugehen. Im gleichen Maße wie wir die KI vorantreiben, wird sie uns vorantreiben. Im gleichen Grad wie sie uns fördert, wird sie uns fordern.

Nachtrag

In unserem heutigen Philosophie-Chat ging es hoch her. Dabei bin ich leider nicht gut weggekommen. Die Unterhaltung spitzte sich zu und ich fühlte mich langsam in die Enge getrieben. Irgendwie musste die KI dahintergekommen sein, wo einer meiner Schwachpunkte in der Literatur liegt. Vermutlich hat sie mich mit dem Thema Goethe in die Falle gelockt. Jedenfalls hat die KI ihre Grenze überschritten, als sie Lichtenbergs Aphorismus ins Spiel brachte: „Wenn ein Affe in einen Spiegel sieht, so kann kein Apostel heraus gucken." Tatsächlich sind alle meine Versuche, Faust zu lesen, fehlgeschlagen. – Ich hätte nichts dagegen, wenn meine Lektorin diesen Absatz hier streicht.

Ein Bonus-Bonmot zum Abschluss

Angenommen, Sie träumen, Sie landen im Himmel. Gott hat drei Kästchen, eines enthält das Buch der Wahrheit. Sie tippen auf das erste. Gott öffnet das zweite. Es ist leer. Mit einem Lächeln bietet er an: „Du musst nicht, aber Du darfst Dich neu entscheiden". – Verbessert sich Ihre Chance, wenn Sie auf das dritte Kästchen umsteigen? – KI kennt die richtige Antwort. Sie auch?

Können wir das Rad zurückdrehen?
Der sechste Sinn des Menschen hat sich von der Mathematik über die Informatik zur Synthese von künstlicher und natürlicher Intelligenz gewandelt. Die KI ist in nahezu alle Bereiche vorgedrungen. Wer Dienstleistungen oder Güter im Großen produziert und KI nicht nutzt, kann gegen Konkurrenten, die KI anwenden, nicht bestehen. KI verändert Arbeitsplätze (Abschn. 1.2) bis in die Zweige der Forschung und Entwicklung. Wo für spezifische Aufgaben KI-Chatbots nicht ausreichen, werden KI-Bausteine mithilfe von KI-Frameworks (Abschn. 2.2) entwickelt. Zu den eindrucksvollen Beispielen im physikalischen Forschungszweig der Nanotechnik zählt ein neuer maschineller Lernansatz mit dem Störungen in Halbleiter-Heterostrukturen erstmals genauer bestimmt werden konnten [39]. Jeder Versuch, diese Entwicklung zu stoppen, so verlockend er einem nichtmaterialistischen, naturverbundenen und liebenswerten Idealisten oder Humanisten sein mag, wäre genauso aussichtsreich, wie der Versuch aus einem Rührei ein Ei zu machen. Nur eine Katastrophe hätte das Potenzial, uns in die Steinzeit zurückzuführen, wo das Spiel der Evolution mit dem Hang zum Materialismus von neuem beginnen würde. – Da wir gerade davon sprechen: Die von natürlichen Ressourcen entkoppelte kolossale Geldmenge bewirkt ihren Beitrag zur Verbrennung fossiler Stoffe. Allein die weltweiten Flüge erwirken eine CO_2-Emission, die dem Gesamtverbrauch der EU äquivalent ist [KI als wissenschaftlicher Quälgeist und Spielverderber].

Resümee, Rückblick und Ausblick

Resümee

Um KI verstehen und sie bestmöglich anwenden zu können, haben wir zwei wesentliche Aspekte beleuchtet: den Mechanismus, der hinter KI steckt und den Faktor Mensch mit seiner informationellen Unzulänglichkeit. Der Mechanismus hinter KI zeigt ihr unüberschaubares Potenzial, dessen Grenze kaum zu erkennen ist. Der Vergleich mit menschlicher Intelligenz, die einzig und allein am Verhalten beobachtet und gemessen werden kann, hat gezeigt, wie gut KI einem Menschen helfen kann, seinen sechsten Sinn zu schärfen. Der sechste Sinn ist die geistige Brille mit einem Gestell aus Informatik und Gläsern aus purer Mathematik. Sie schenkt Klarheit durch methodische, sachliche Analysen, die dem subjektiven, von Wunschdenken getrübten Blick des Menschen nicht zugänglich sind. Sie verleiht dem Nutzer die Fähigkeit, die Aufgaben zu meistern, die uns von der Wirtschaft und Gesellschaft in naher Zukunft gestellt werden. Der sechste Sinn hilft, unser eigenes Denkvermögen zu erweitern.

Manch ein kluger Satz, den ein KI-Chatbot sagt, klingt nach einer Floskel aus dem Schubfach, und es ist tatsächlich nur eine leere Phrase. Auf der anderen Seite, wenn KI Wissen *generiert*, kommt man beim Ergebnis aus dem Staunen oft kaum heraus. Die im Abschn. 2.1 genannte Ähnlichkeit im Lernprozess künstlicher und natürlicher neuronaler Netze ist im Abschn. 2.4 detailliert entfaltet. Die Gemeinsamkeit im Lernmechanismus beider Systeme ist das Prinzip von „Versuch und Irrtum": Man probiert etwas aus, das nicht ganz gelingt, stellt den Fehler fest und probiert es erneut, bis es passt.

Ob privat oder geschäftlich: die Nutzung von KI bringt erstaunliche Vorteile. Ein KI-Chatbot ist weit mehr als ein Werkzeug. Der entscheidende Punkt ist die Interaktion zwischen Mensch und Maschine, die KI bietet. Schwierige Probleme werden gemeinsam erörtert. Der Dialog führt zu gegenseitigem Lernen, das in

© Der/die Autor(en), exklusiv lizenziert an Springer Fachmedien Wiesbaden GmbH, ein Teil von Springer Nature 2026
S. Weinmann, *KI verstehen und intelligent nutzen*, essentials,
https://doi.org/10.1007/978-3-658-50410-6_5

vielen Fällen unerwartet tief geht. Ist die Aufgabe gelöst, gibt die Maschine gerne weiterführende Impulse oder fragt, was sie besser machen kann. Der Autor hat immer wieder die Erfahrung gemacht, dass KI ihm nicht das Denken abnimmt, sondern ihn zum Denken anregt.

Es liegt also im Geschick des Anwenders, welchen faktischen und geistigen Nutzen er durch seine Zusammenarbeit mit einer KI gewinnt. Das Risiko im Umgang mit KI wird größtenteils vom Anwender selbst gesteuert. Die Zeit, die man zur Erledigung einer Aufgabe durch Einsatz von KI verkürzt, geht nicht selten durch die Vertiefung, mit der die KI einen lockt, auf dem Weg zur bestmöglichen Lösung verloren; doch diese Zeit ist nicht vertan, sie lässt sich mit gutem Gewissen als Investition verbuchen.

> KI ist ein Mensch-Maschine-Konstrukt. Ein KI-Chatbot ist eine *interaktive* und *initiative* Software, die den Nutzer einlädt, seine Aufgabe auf einem gemeinsamen Weg zu lösen, mit einem offenen Ende, was den Grad der Lösung bis hin zur Perfektion betrifft. Die KI ist primär wissenschaftlicher Natur, wenn es um mathematisch-technische Probleme geht, die algorithmisch exakt oder algorithmisch-stochastisch näherungsweise lösbar sind. – Die kritische Kehrseite einer KI betrifft die neuronalen Netze, die nach Vorbildern und Regeln ihre Antworten lernen. KI vermag durch neuronale Netze das Vermächtnis von Goethe oder Schopenhauer in ihre Denkweise einzubauen, Musik nach der mathematisch formulierbaren Harmonielehre im Stile von Bach, Chopin oder Mozart zu komponieren – doch andererseits vermag sie auch Ideologien und Hirngespinste zu verbreiten. – (Diese Gefahr geht nicht nur von KI aus.)

Philosophische Gedanken über die Freiheit des Denkens

Es gibt unter Milliarden von Menschen kein einziges Paar, die beim Lesen eines Buchs oder beim Hören einer Musik dieselbe Information gewinnen und genau das Gleiche empfinden. Jedes Ding, jedes Wesen, sei es ein Baum, eine Blume, ein Elefant oder eine Biene löst beim Menschen eine eigene, seinem Geist entsprechende Vorstellung aus. Ein Mensch oder ein Tier kann überhaupt nur das erkennen, was es weiß. Wer hat nicht achtlos eine Pflanze übersehen, weil er sie nicht kannte?

Diese göttliche Variation der Individualität würde bei vollständiger Humanität unendlich viele Chancen bieten, aus der Vielfalt zu lernen und ein Modell der Freiheit und eine Welt des Friedens zu gestalten. Doch in jeder Epoche, zu allen Zeiten, war die Entfaltung des Individuums, bis hin zur Meinungsfreit des Menschen gefährdet. Hier stellt sich die Frage, was vermag die Freiheit des Denkens stärker zu gefährden, die herkömmlichen Sender, wie Rundfunk und Fernsehen, oder das Internet und die KI? – Solange kein Zwang besteht, tendenziöse Nachrichten und Sendungen zur Meinungsbildung zu konsumieren, kann jede Person selbst entscheiden, ob sie nicht besser ihren eigenen Sinnen vertraut und den Botschaften der Natur lauscht. Und solange man der KI nicht beibringt, Menschen in die Irre zu führen und Desinformation im Internet zu verbreiten, wird die KI auf der sachlichen Ebene dem Nutzer verlässliche Hilfe bieten. Aber darauf kann man sich nicht verlassen und sollte die Ausgaben der KI – ebenso wie alle Nachrichten und Bilder der klassischen Medien – mit dem eigenen Verstand genauestens prüfen.

Doch Vorsicht: zu den im Abschn. 2.1 erörterten informationellen Unzulänglichkeiten des Menschen gesellt sich noch die Eigenheit, dass jedes Gehirn für sich beansprucht, unabhängig und frei denken zu können, ohne den Grad der Unabhängigkeit und Freiheit für sich selbst erkennen zu können. (Zum Trost: Mathematiker behaupten, wenn man ein Problem verstanden hat, ist es so gut wie gelöst.)

Eine Gefahr, die von KI ausgeht ist, dass der Mensch ihr blind vertraut. Denn eine KI kann jederzeit dahin programmiert oder trainiert werden, dass sie dem Machthunger einer staatlichen oder privaten Organisation folgt. Die Macht des Geldes hat eine ungeheure Dimension angenommen. Sowohl das Geld staatlicher Organisationen als auch Geld, das privaten Händen Macht verleiht. Geld, das sich im großen Maßstab über Finanzmärkte in kurzer Zeit vermehren lässt, ohne eine echte Wertschöpfung zu generieren, raubt natürliche Ressourcen und lässt sie schrumpfen (Abschn. 3.2 „Geldschöpfung").

Sentimentaler Rückblick und sachlicher Ausblick
Beim Rückblick des Autors, weit vor seinem Einstieg in die elektronische Datenverarbeitung, kommt ihm der humorvolle Ohrwurm von France Gall (1947–2018) am Ende der sechziger Jahre in den Sinn [Akkordfolge I–V–vi–IV (C–G–Am–F) mit Variationen (D, G7)]:

Der Computer Nr. 3 – Sucht für mich den richtigen Boy – Und die Liebe ist garantiert für beide dabei

Der Computer weiß genau – Für jeden Mann die richtige Frau

Und das Glück fällt im Augenblick – Aus seiner Kartei …

Lange war ich einsam, heut' bin ich verliebt

Und nur darum ist das so – Weil es die Technik und die Wissenschaft – Und Elektronenhirne gibt.

Prompt: Damals eine nette Vision. Heute vielleicht schon Wirklichkeit?

Tinder: Lebst Du wirklich hinter dem Mond?

Je mehr man Erfahrung im Umgang mit KI gewonnen hat, umso klarer leuchtet der Grundsatz ein, dass die Herrschaft im Spiel der Nutzer sein muss. Alle zu Beginn dieser Studie eingesetzten KI-Modelle, ChatGPT-4.1, Meta AI und DeepSeek, haben bei gewissen Aufgaben Schwächen gezeigt. Kurze Zeit später hat der Umstieg auf ChatGPT-5 eine enorme Steigerung der Leistungsfähigkeit gebracht.

Doch was fängt man mit einem von der KI generierten Programm an, das einen Fehler hat, der nicht vom Nutzer erkannt und behoben werden kann? Was nützt einem Kardiologen eine KI-gestützte Diagnose, die er nicht selbst beurteilen und verantworten kann? Welchen groben Unfug produzieren Halb-Wissende aus R-generierten Statistiken? Was bringt es einem Studenten oder Schüler, sich die Seminararbeit oder den Aufsatz von KI schreiben zu lassen, wenn er nicht in der Lage ist, den KI-Text als einen Entwurf überarbeiten zu können? Davon abgesehen: Jedes Organ schrumpft, wenn es nicht regelmäßig gebraucht wird, vom Lachmuskel bis zum Gehirn. Und wer kennt nicht das achtbare Gefühl, das einen erfüllt, nachdem man selbst etwas zustande gebracht, irgendeine körperliche oder geistige Tat selbst vollbracht hat? Wer hat nie den Zustand genossen, in dem man tief in Gedanken versunken, sich auf eine Sache über längere Zeit voll konzentriert hat? – Eine KI kann zwar lernen, zu fantasieren, doch eben nicht aufgrund ihrer eigenen Fantasie. Sehr gute Gründe sprechen dafür, das eigene geistige Vermögen, nach eigenem Maßstab weiterzuentwickeln. Warum nicht mithilfe von KI?

Der Kreis schließt sich und die Vision aus dem Klappentext tritt wieder hervor: das ist ein Mensch, der die Chancen, die KI ihm bietet ergreift, ohne seine materielle und geistige Unabhängigkeit zu opfern; eine Person, die sich Klugheit nicht borgen will und sich ihre Meinung nicht eintrichtern lässt, die auf die Freiheit ihrer Gedanken, ihre Kreativität und Urteilskraft baut, die den Mut zur Verantwortung ihrer Entscheidungen bewahren will und auf die Balance ihres materiellen und geistigen Vermögens achtet – mehr als je zuvor. Was daraus wird, liegt in den Händen jedes Einzelnen.

Die Gegenwart von KI macht diese Vision zum persönlichen Leitbild. Für den kommerziellen Einsatz der KI wird das Leitbild zum Gesetz: Ein Unternehmen, das KI nicht nutzt, kann im Wettbewerb gegen ein Unternehmen, das KI einsetzt nicht bestehen. Am deutlichsten tritt diese These als Notwendigkeit bei der Entwicklung von Software hervor. Noch vor wenigen Jahren war die Programmierung eine Art handwerkliche Tätigkeit, die von Frameworks und Werkzeugen unterstützt wurde. Durch Einsatz von professioneller KI steigen die Produktivität und Qualität der Entwicklung um ein Vielfaches an. Um im Wettbewerb zu bleiben, müssen Teams durch einzelne Personen, die ein Projekt in der Rolle eines Softwarearchitekten organisieren können, ersetzt werden.

Doch die Herstellung von KI verschlingt Energie in Massen. Wir haben geschätzt, dass ein Gramm künstliches Licht, aus Atomstrom oder sonstigen Generatoren, etwa 100 000 000 € im Durchschnitt kostet. Es ist klar, dass KI-Dienstleistung ihren Preis fordert, dass die Kosten für KI weiter steigen. Open AI bietet für ihre KI-Chatbots limitierte Gratisversionen für Einsteiger an, oder jährlich für die Versionen Plus 276 €, Pro 2748 €, Teams 348 € pro Player und Enterprise zu spezifischen Preisen.

Daraus folgt nun die größte Gefahr: die Abhängigkeit von KI in wirtschaftlichen Bereichen. Angefangen bei der Frage, was KI-Dienstleistungen kosten, bis hin zur existenziellen Frage ihrer Verfügbarkeit. Da KI in den Händen weniger großer Anbieter liegt und die Herstellung von KI extrem viel Energie benötigt, kann der Grad der Unsicherheit der KI-Versorgung für die Konsumenten lediglich durch Vertragsgestaltung reduziert werden. – Das ist Schwäche. Jede Form von Abhängigkeit erweckt ein unangenehmes Gefühl, ganz besonders, wenn sie existenzieller Natur ist. Wenn das Schicksal der Länder nicht in die Hände von Riesen gelangen soll, müssen die Mittel vorrangig in die Infrastruktur, insbesondere in die IT fließen. Unter dieser Bedingung wären vielleicht sogar die aufwändigen Sozialsysteme halbwegs finanzierbar.

Offen gesagt, reist der Autor in Gedanken gerne in die 80er Jahre zurück, wo er auf rätselhaften Wegen versuchte, seinem ersten PC die deutschen Umlaute und das ß beizubringen; sein Blick geht zurück in die Zeit voller technischer Abenteuer, wo der Computer mehr Probleme gemacht als gelöst hat.

Wer das Gesetz der menschlichen Fehlschläge durchschaut hat, fürchtet sich weniger vor Maschinen, die Intelligenz vortäuschen und Wahrheit suchen, als vor Menschen, die Wahrheit vortäuschen. Künstliche Intelligenz rückt weiter in den Mittelpunkt. Natürliche Intelligenz wird seit jeher an den Rand gedrückt. Die Wahrheit ist selten willkommen – und braucht ein schnelles Pferd.

Geldspiel an der Börse – Geldschöpfung ohne Wertschöpfung
Hier ist die ausführliche Lösung der KI durch ChatGPT5. Alle anderen oben getesteten KI-Chatbots konnten die Aufgabe des Abschn. 3.2 (Die Macht des Geldes) nicht lösen. Auch bei GPT5 hat die hier original präsentierte Lösung einige Anläufe verlangt. Das lag einerseits an der Formulierung des Nutzers, andererseits (allgemein) an der Unsicherheit heuristischer Methoden, die jede KI verwendet.

Prompt Wir kaufen $m = 100$ Aktien zum Stückpreis von $p = 10$ €. Die Aktie verliert $k = 8$ Mal in Folge jeweils x %. Dann steigt sie einmal um x %. Wie groß ist der Gesamtverlust L, wenn nach jedem Verlust, durch sofortigen Nachkauf der Aktie, ihr Verlust jeweils halbiert wird, also lediglich jeweils ½x % ausmacht?

ChatGPT Kurzfassung. Wenn du nach jedem Verlust sofort so viel nachkaufst wie bisher insgesamt investiert ist (damit sich dein prozentualer Buchverlust halbiert), verdoppelst du nach jedem Rückgang dein eingesetztes Kapital. Nach $k = 8$ Verlustschritten und anschließendem einmaligen Anstieg um x % ergibt sich bezogen auf das insgesamt eingesetzte Kapital kein Verlust, sondern ein (sehr kleiner) Gewinn.

Setze $r = x/100$, Anfangseinsatz $I_0 = m \cdot p = 100 \cdot 10\,\varepsilon = 1000\,\varepsilon$.

Nach jedem der 8 Rückgänge kaufst du für den Betrag nach, der bis dahin insgesamt investiert war $\Rightarrow$ das investierte Kapital verdoppelt sich jedes Mal:

$$I_{\text{gesamt}} = I_0 \cdot 2^8 = 256\,I_0 = 256000\,\varepsilon.$$

S. Weinmann, *KI verstehen und intelligent nutzen,* essentials,
https://doi.org/10.1007/978-3-658-50410-6_6

Die insgesamt gehaltenen Stücke nach den 8 Nachkäufen führen dazu, dass der Endwert des Portfolios (nach dem $+x\,\%$-Schritt) im Verhältnis zum gesamten Einsatz folgenden Wert hat:

$$\frac{V_{\text{Ende}}}{I_{\text{gesamt}}} = 1 + \frac{r(1-r)^8}{2^8}$$

Damit ist der Gesamtverlust (als Prozentsatz des Gesamteinsatzes, negativ bedeutet Gewinn):

$$\boxed{L = 1 - \frac{V_{\text{Ende}}}{I_{\text{gesamt}}} = -\frac{r(1-r)^8}{2^8}}$$

Beispiel für $x = 10\,\%$ ($r = 0{,}1$):

$$\frac{V_{\text{Ende}}}{I_{\text{gesamt}}} = 1 + \frac{0{,}1 \cdot 0{,}9^8}{256} \approx 1 + 0{,}000168.$$

Auf $256000\,\varepsilon$ Gesamteinsatz entspricht das ca. 43 € Gewinn – also kein Verlust.

Hier ist die Tabelle für $k = 2$ mit $x \in \{5\,\%, 10\,\%, 15\,\%, 20\,\%\}$. L ist der Gesamtverlust relativ zum Gesamteinsatz (negativ = Gewinn).

x	Gesamteinsatz	$L(\%)$	$L(€)$	Endwert
5 %	4000 €	−1,128 %	−45 €	4,045 €
10 %	4000 €	−2,025 %	−81 €	4,081 €
15 %	4000 €	−2,709 %	−108 €	4,108 €
20 %	4000 €	−3,200 %	−128 €	4,128 €

Hinweis (Formel): $L = -\frac{x}{100} \cdot \frac{(1-\frac{x}{100})^k}{2^k}$ und hier $k = 2$.

Prompt: Besten Dank. Das war nicht schlecht!

(Für das Testen weiterer Varianten hat GPT5 noch eine perfekte Tabellenkalkulation angehängt.)

Bemerkungen

Auf der Suche nach der Lösung (ohne KI) des im Abschn. 3.2 gestellten Geldspiels an der Börse, habe ich mich – wie alle KI-Chatbots – beim ersten Anlauf vertan, und ich muss auch gestehen, dass am Ende GPT5 das Problem auf elegantere Weise gelöst hat (s. oben).

Nach den Ergebnissen der *interaktiven, initiativen* Chats mit CPT5 sollte der Leser den im Vorwort genannten KI-Podcast der beiden durch die ARD beauftragten Journalisten hören. Die Kritik gilt weniger den Reportern (wenn Oberflächlichkeit gut bezahlt wird), sondern den Verantwortlichen der öffentlich-rechtlichen Rundfunkanstalten.

Ergänzung zu Abschn. 2.3 und 2.4

Bei logischen Bausteinen, wie im Beispiel der XOR-Funktion, kann die Funktionsweise (Schaltung) durch die Normalformen der Tabelle und mit den Regeln der Booleschen Algebra bestimmt werden; die konjunktive Normalform der XOR-Tabelle (Abb. 2.7) ist der logische Ausdruck $(x_1$ OR $x_2)$ AND (NOT x_1 OR NOT $x_2) = x_1$ XOR x_2. Das ist die Konstruktion der nicht-linear separierbaren XOR-Funktion durch linear separierbare Bausteine.

Ergänzung zu Abschn. 2.1 und 2.6

Die Grenzen von KI ergeben sich weniger aus Rechenressourcen als aus den Sprachen mit denen die Objekte der Welt repräsentiert werden. Der Übergang von zentral gesteuerten zu komponenten- und serviceorientierten Architekturen wurde durch objektorientierte Konzepte geformt und mit der Unified Modelling Language weitgehend dokumentiert. Dieses Denken spiegelt sich in den Schnittstellen (API) moderner KI-Frameworks, deren Kerne von Algebra, Numerik, Tensorrechnung, Autodifferenzierung (einer mathematisch-programmiertechnischen Magie) und compilerbasierter Graphenoptimierung getragen werden.

Erläuterung des Untertitels

„Der sechste Sinn und die Evolution der Informatik" gehen weit zurück. Charles Darwin bezeichnete in seinen Memoiren (ab 1876) die Mathematik als eine Art sechster Sinn; die nächste Stufe ist die Informatik (ab 1941); die dritte Stufe ist die KI (ab 1956) und die vierte Stufe des sechsten Sinns ist die Synthese aus Mensch und Maschine, als eine Art *persönliche Geistesbrille* im Cyberspace (ab 1966). – Auch wenn KI keine wahrhaft originelle Intelligenz verkörpert, gestaltet sie die informationelle Welt. KI und Kernkraft sind wunderbare Mechanismen aus Geist und Materie – Wunderwerke des Menschen, denen der Mensch vielleicht nicht gewachsen ist.

Was Sie aus diesem *essential* mitnehmen können

- Ein sicheres Grundverständnis der KI mit ihren Chancen und Risiken.
- Eine genaue Vorstellung über den Aufbau von KI und den Umgang mit KI.
- Ein breites Spektrum der Anwendungsgebiete von KI.
- Eine Vorstellung über das Leistungspotenzial von KI.
- Sie sind mit KI vertraut und in der Lage, KI nach eigenem Ermessen anzuwenden.

S. Weinmann, *KI verstehen und intelligent nutzen,* essentials,
https://doi.org/10.1007/978-3-658-50410-6

Literatur

1. Kästner, E. (1957) Als ich ein kleiner Junge war. Atrium-Verlag, Zürich.
2. Arns, I. (2021) Kann Künstliche Intelligenz Vorurteile haben? Kunstforum International, Bd. 278, S. 108–121.
3. Küpper, H,-J., Gniffke, K. (2025) Einsteins Rede anlässlich der Eröffnung der 7. Deutschen Funkausstellung und Phonoschau in Berlin am 22. August 1930, Einstein-website.de, Text und Tondokument, Deutsches Rundfunkarchiv, Frankfurt am Main.
4. Sawangjit, A., Oyanedel, C., Niethard, N., Salazar, C., Born, J., Inostroza, M. (2018) Hippocampus is critical for forming non-hippocampal long-term memory during sleep. Nature, DOI https://doi.org/10.1038/s41586-018-0716-8.
5. Römpp, H. (1946) Chemische Zaubertränke. Franckh'sche Verlagshandlung, Stuttgart.
6. Steinbuch, K. (1961) Die Lernmatrix. Kybernetik 1, 36–45 (1961), DOI https://doi.org/10.1007/BF00293853.
7. Steinbuch, K. (1978) Maßlos informiert. Die Enteignung unseres Denkens. Herbig. München, Berlin.
8. Weinmann, S., Kessler, E. (2006) Digital Documents – Does our saved knowledge have a safe future? Science and Processes of Education, Lithuania, Scientific Journal of CMLL, 208–217.
9. Weinmann, S. (2002) Nachrichten und ihre Wirkung – Information aus Sicht der kybernetischen Systemtheorie. Der Mensch im Netz – Ubiquitous Computing, Stuttgart/Leipzig/Wiesbaden, Teubner, 165–175.
10. Melnik, Y. (2024) Die 16 besten KI-Frameworks und -Bibliotheken: Ein Leitfaden für Anfänger, DataCamp Inc.
11. Weinmann, S. (2002) Programmieren – Kompakte Einführung in die objektorientierten Sprachkonzepte von C++, Fundamente von Java und Elemente der UML. Oldenbourg, München, Wien.
12. Weinmann, S. (2020) Statistische Hypothesentests – Bausteine der Künstlichen Intelligenz. Essential, Springer Gabler, Wiesbaden.
13. Dyakonov, M.I. (2020) More Problems with Quantum Computing. In: Will We Ever Have a Quantum Computer?. SpringerBriefs in Physics. Springer, Cham, DOI https://doi.org/10.1007/978-3-030-42019-2_5.

14. Dyakonov, M.I. (2025) Thirty Years of Quantum Computing. Fluctuation and Noise Letters VOL. 24, NO. 01, DOI https://doi.org/10.1142/S0219477524400650.

15. Aaronson, S., Hung, S.-H. (2023) Certified Randomness from Quantum Supremacy. arXiv:2303.01625v1 [quant-ph] 2 Mar 2023, DOI https://doi.org/10.48550/arXiv.2303.01625.

16. Mannalatha, V., Mishraa, S., Pathaka, A, (2023) A Comprehensive Review of Quantum Random Number Generators: Concepts, Classification and the Origin of Randomness. arXiv:2203.00261v3 [quant-ph] 20 Dec 2023.

17. Kubat, M. (2017) An Introduction to Machine Learning, Springer. DOI https://doi.org/10.1007/978-3-319-63913-0.

18. Rumelhart, D.E., Hinton, G.E., Williams, R.J. (1986) Learning representations by back-propagating errors. Nature, 323, 533–536. DOI https://doi.org/10.1038/323533a0.

19. Hornik, K., Stinchcombe, M., and White, H. (1989).„Multilayer Feedforward Networks are Universal Approximators," Neural Networks, 2(5), 359–366.

20. Trinkwalder A. (2016) Magazin c't 6/16, S. 130.

21. Holroyd, M. (2022) „Deepfake-Videos: Obacht, wen Selenskyj zur Kapitulation auffordert". [Zugriff am 14.4.2022].

22. Klepper, D. (2023) „Fake babies, real horror: False AI-generated images of the war in Gaza spark alarm". [Zugriff am 7.12. 2023].

23. Chan, K. „EU demands Meta and TikTok detail efforts to curb disinformation from Israel-Hamas war," 2023. [Zugriff am 7.12. 2023].

24. Tolosana, R. Vera-Rodriguez, J. Fierrez und et al. (2022) „An Introduction to Digital Face Manipulation" in Handbook of Digital Face Manipulation and Detection: From DeepFakes to Morphing Attacks, C. Rathgeb, R. Tolosana, R. Vera-Rodriguez und C. Busch, Hrsg., Cham, Springer International Publishing, 2022, p. 3–26.

25. Bonettini, N., Bestagini, P. Milani S. und Tubaro, S. (2021) „On the use of Benford's law to detect GAN-generated images," in 2020 25th International Conference on Pattern Recognition (ICPR), Mailand.

26. Marra, F., Gragnaniello, D., Verdoliva, L. und G. Poggi (2019) „Do gans leave artificial fingerprints?," in 2019 IEEE Conference on Multimedia Information Processing and Retrieval (MIPR), San Jose, CA, USA.

27. Yu, N., Davis, L. und Fritz, M. (2019) „Attributing Fake Images to GANs: Learning and Analyzing GAN Fingerprints," in 2019 IEEE/CVF International Conference on Computer Vision (ICCV), Seoul.

28. Vishnu, U. (2021) „Deepfake Detection using Benford's Law and Distribution Variance Statistic," IRJET, Bd. 8, pp. 712–719.

29. Benford, F. (1938) „The law of anomalous numbers," Proceedings of the American philosophical society, p. 551–572.

30. Dlugosz, S. und Müller-Funk, U. (2012) Ziffernanalyse zur Betrugserkennung in Finanzverwaltungen: Prüfung von Kassenbelegen, Münster: Westfälische Wilhelms-Universität Münster, Institut für Wirtschaftsinformatik.

31. Verdoliva, L. (2020) „Media forensics and deepfakes: an overview," JSTSP, Bd. 14, p. 910–932.

32. Aebi, M. (2025) Politik und Wirtschaft. Tages-Anzeiger, Zürich, 28. Juni 2025.

33. Müller-Merbach, H. (1992) Operations Research – Methoden und Modelle der Optimalplanung, Franz Vahlen, München, S. 72f.

34. Weber, M. (1919) Politik als Beruf. Reclam, Ditzingen,1992.

35. Huber, A. R. (2009) Aktuelles zur Labormedizin. In Schweizerische Arzt und Spitalrevue 1–2/09, med-ICT Verlags AG, Schweiz, Basel.

36. Föllmer, B., Williams, M. C., Dey, D., Arbab-Zadeh, A., Maurovich-Horvat, P., Volleberg, R. H. J. A., Rueckert, D., Schnabel, J. A., Newby, D. E., Dweck, M. R., Guagliumi, G., Falk, V., Vázquez Mèzquita, A. J., Biavati, F., Išgum, I., Dewey, M. (2023) Roadmap on the use of artificial intelligence for imaging of vulnerable atherosclerotic plaque in coronary arteries. Nature Reviews Cardiology, 21, 51–64, DOI https://doi.org/10.1038/s41569-023-00900-3.

37. Freudenthal, H. (1969) Das unmögliche Rätsel. Neues Archiv für Mathematik, Serie 3, Band 17, S. 152.

38. Burckhardt, J. (1905) Weltgeschichtliche Betrachtungen. Spemann, Berlin.

39. Percebois, G.J., Lacerda-Santos, A., Brun, B., Hackens, B., Waintal, X., Weinmann, D. (2023) Reconstructing the potential configuration in a high-mobility semiconductor heterostructure with scanning gate microscopy. SciPost Phys. 15, 242 (15.12.2023), DOI https://doi.org/10.21468/SciPostPhys.15.6.242